ROGER WILLEMSEN

UNTERWEGS

Vom Reisen

Herausgegeben
von Insa Wilke

FISCHER Taschenbuch

Aus Verantwortung für die Umwelt hat sich der S. Fischer Verlag zu einer nachhaltigen Buchproduktion verpflichtet. Der bewusste Umgang mit unseren Ressourcen, der Schutz unseres Klimas und der Natur gehören zu unseren obersten Unternehmenszielen.

Gemeinsam mit unseren Partnern und Lieferanten setzen wir uns für eine klimaneutrale Buchproduktion ein, die den Erwerb von Klimazertifikaten zur Kompensation des CO_2-Ausstoßes einschließt.

Weitere Informationen finden Sie unter: www.klimaneutralerverlag.de

Die Herausgeberin dankt dem Literaturarchiv der Akademie der Künste Berlin, das den Nachlass von Roger Willemsen betreut.

2. Auflage: Mai 2021

Originalausgabe
Erschienen bei FISCHER Taschenbuch
Frankfurt am Main, Dezember 2020

© 2020 S. Fischer Verlag GmbH, Hedderichstr. 114,
D-60596 Frankfurt am Main

Satz: Fotosatz Amann, Memmingen
Druck und Bindung: CPI books GmbH, Leck
Printed in Germany
ISBN 978-3-596-70109-4

Inhalt

I

Nordweh 11
Havanna, New York, Surabaya … 18
Unter Hostessen.
Unterwegs zu Hoki Tokuda in Tokio 20
Kabul 37
Rückkehr nach Afghanistan 38
Kinshasa 66
Auf der Suche nach Europa 70

II

Im Transit.
Szenen aus dem Unterwegs 93
Einzelgänger des Weltraums 117
Best Agers Reisen 131
Die Melancholie des Heimkehrers 154

III

Der kleine Horizont.
Zur Poetik des Fortfahrens 163

Editorische Nachbemerkung 187

Als Kind hatte ich unter meinem Bett ein kleines Köfferchen, weil ich immer bereit sein wollte aufzubrechen. Darin waren eine Schokolade, ein gekochtes Ei, das ich von Zeit zu Zeit erneuerte, ein Taschenmesser und eine Badehose. Also meine persönlichen Utensilien für eine Weltreise. Außerdem gab es Dinge, die immerzu Fernweh bei mir auslösten. Etwa das Radio – drückte man die Tasten für »Kurzwelle« oder »Langwelle« und drehte dann vorsichtig am Rad für die Senderwahl, übersprang man in Millimetern Klangräume, geographische Räume. Es wimmerte der Muezzin, es läuteten die Glocken des Vatikans, ein Schuss fiel, ein Reporter schrie gegen den fallenden Regen an, ein Signal schrillte, Pferdehufe galoppierten, Meereswogen brandeten, Volksmengen applaudierten.

Die Frequenzen jaulten und zwitscherten, die Stimmen klangen mal blechern und fern, mal warm, wie direkt in die Stoffbespannung geatmet. Sie sangen sinnlos, wo doch alle Welt in Aufruhr, sie predigten, wo doch eben noch der Schuss gefallen war. Alles redete durcheinander, in allen Sprachen, jeder wollte was. Man konnte Kamele ziehen, Segelschiffe gegen die Wellen kämpfen sehen, man hörte die Winde Tausende von Kilometern entfernt in die Mikrophone knattern, bekam einen Fetzen Wetterbericht aus Abu Dhabi, ein afrikanisches Gebet, einen Sportbericht aus Amerika. Irgendwo wurde getanzt, irgendwo eine Konferenz eröffnet. Irgendwo wurde zu Bett gegangen, irgendwo der neue Tag begrüßt. Alle Tageszeiten waren gleichzeitig da, alle Kontinente, alle in anderen Sprachen und Jahreszeiten, alle mit anderen Problemen und Aufregungen. Dies war die erste ganze Welt, die ich kannte, und jeder Ton, der mich erreichte, kam von einem ihrer Enden. Mit all dieser Musik, dem Stimmenwirrwarr und Tumult im Ohr, ging ich dann von dem Hügel, auf dem unser Haus stand, ins Unterdorf, legte mein Ohr an den einzigen Schienenstrang und wusste: Dieser Strang verbindet mich mit Konstantinopel.

Aus der Materialsammlung »Das mir. Reiseerzählungen«

I

Ich nehme diese Orte persönlich. Ich kann nicht anders, denn ohne dies hätte ich das Gefühl, sie nicht bereist zu haben. Jeder Versuch einer Selbsterklärung führt auch zurück auf eine Reise, und ich meine nicht die Lebensreise, die wir bezeichnenderweise so nennen, sondern jenen Transitzustand, in dem uns das Besondere zustößt: ein Mensch, ein Ereignis, ein Glück.

Aus der Materialsammlung
»Das mir. Reiseerzählungen«

Nordweh

Die Luft des Südens schmeckt nicht, damit geht es schon mal los. Von der »Aria cattiva« sprach man schon im 18. Jahrhundert, der »bösen Luft«, die imstande sei, ganze Länder zu vergiften, etwa durch den schwülen Passat, den brennenden Scirocco, den fiebrigen Föhn. Wie oft sind die Vögel, die aus dem Norden kamen, gleich beim Eindringen in die Luft des Südens tot aus dem Himmel gefallen! Wie oft hat man Kämpfer verenden und Touristen erschlaffen sehen, sobald sie in den Süden kamen. Es ist kein Spaß: Aus der Ferne erscheint Arkadien dem Schwärmer paradiesisch. Tritt er ein, trachtet ihm dieser Süden gleich nach dem Leben.

Was für eine runde Mahlzeit ist dagegen die Luft des Nordens! Jod, Salz, Tang, Torf, Heidekraut, Filzwolle, Multebeeren und die Röstaromen offener Feuer – alles in einem Atemzug. Kürzlich packte mich wieder das Nordweh, einen Norden suchte ich, irgendeinen Norden, flog also ins schwedische Luleå, auf der Höhe Lapplands, 110 Kilometer südlich der Polargrenze gelegen. Vor der Landung machte die Purserette diese Ansage: »Morgen feiern wir das Mittsommernachtfest. Legen Sie sieben Blüten unter Ihr Kopfkissen. Sie werden von der Liebe Ihres Lebens träumen. Jetzt singt unser Steward zur Feier des Tages ein altes schwedisches Volkslied für Sie.« Der nahm prompt das Mikrophon und stimmte in stolperndem Sopran ein Lied an, zuletzt so gerührt, dass ihn seine Chefin in die Arme nehmen musste. Willkommen am Bottnischen Meerbusen! Das soll der kühle Norden sein? Als der Steward seine Stimme erhob, schmolzen wir alle.

Ich legte die Blüten unter das Kissen, träumte aber von DJ Bobo. Das muss aus dem Bauch heraus geschehen sein, also dem Zentralmassiv des körperlichen Südens. Der Norden des Körpers aber ist der Kopf, und alles wird besser, wenn er beteiligt ist, gibt er doch Klarheit, Verstandeskühle. Eben deshalb gilt es ja auch als moderne Tugend, cool zu sein, also nördlich.

Geputzt und bewimpelt war das Städtchen Lulea, blickte vom nördlichen Ende der Ostsee kühl, frisch und bewegt in die kürzeste Nacht. Das hiesige Thai-Restaurant serviert »Ochsenpizza« mit Béchamelsauce, und die Menschen, die es hierhin verschlagen hat, wirken alle wie Strandgut, ist dies doch nördliches Niemandsland, und wenn man einfach so in die Weite spaziert, wo sich die Häuschen zerstreuen, dann sieht man Existenzen versanden unter den großen Himmeln des Nordens.

Es folgten grüne Tage, halbhelle Nächte, milde Winde. Ich sah die Dünung des Luftzugs in den Gräsern, dann und wann fiel ein Regenschauer hinein, die Felder atmeten aus, und der Himmel war ein Wolken-Louvre. Ich ging weiter über Land, wo die feuchten Meerwinde durch die Fugen der Holzhütten drangen. Aus dem undichten Torfdach fielen Tropfen in die Hütte des Fischers. In nassen Socken habe er geschlafen, sagte er, als er an die Bucht hinaustrat, redete über die Winterfischerei, klagte über sein schlechtes Schuhwerk und stellte einen Kinderwagen mit Baby hinaus in die Sonne. In diesen Breiten feiern die Menschen das Licht als Ereignis.

Schönes Wetter interessiert mich nicht. Wenn die Sommerfrischler sonnenmilchig müffeln und ihre abgeblätterten Schultern vergleichen, packt mich der Drang, den Norden zu inhalieren. Die edle Blässe ist nördlich, vulgäre Bräune südlich, der Porzellanteint einer Kate Middleton blamiert die Lederhaut einer Carmen Geiss. Auf der Packungsbeilage einer Sonnencreme las ich einmal: »Auch die Sonne hat ihre Schattenseiten.« Eben, doch wie viele Sonnenseiten hat der Schatten!

Alles Werden und Vergehen hat seinen Ursprung im Norden. Es stammt aus dem Eis, wurde von der Schmelze freigegeben, Plankton, Mikroben, Mikroorganismen, sie entwickelten sich aus dem Frost, aus der Dunkelheit, abgerungen der Nacht und dem Eis. Als ich einmal mit Polarforschern reiste, erklärten sie mir, hier, an den Grenzen der lebensabweisenden Zone, entwickele sich eigentlich das erste Leben. Was der Norden aber von seiner Flora einfriert, das wird er eines Tages auftauen, um es dem Leben zurückzugeben. Seine Landschaften sind Schläfer, die lange dämmern und heftig blühen. Selbst die Steine spucken dann Blüten aus, über die Geröllfelder ergießen sich saftige Matten, und sanft ist noch der Tod in diesen Breiten, kommt das Erfrieren doch still und besinnlich.

Was der Süden dagegen verbrennt, das ist für immer und qualvoll verbrannt! Wen wundert es also, wenn der älteste Menschenfund der Südhalbkugel, die äthiopische Ardi, aussieht wie Tatjana Gsell. Der älteste Menschenfund des Nordens – und auch Südtirol liegt ja eigentlich im Norden – ist dagegen ein Gentleman namens Ötzi, auf Englisch: »Frozen Fritz«. Ja, Deutsche, Nördlinge sind wir von seinem Schlag und keine Mittelmeerpreußen! Auch ist das Abendland Nordland, und der größte Teil der bewohnbaren Erde liegt auf unserer Halbkugel. Also ist ja unser europäischer Süden, global gesehen, eigentlich Teil des Nordens.

Der Norden ist Heimat einer Kultur, in der Riesen, Trolle, Elfen zu Hause sind. Die längste Zeit des Jahres liegt er im Dunkel, kennt transzendente Mächte und geht so vernünftig wie möglich mit ihnen um, also protestantisch. Der Süden ist dagegen sonnendurchflutet und eigentlich taghell profan. Man redet laut und effektvoll, man krakeelt. Seine Lebensform ist die Hysterie. Deshalb muss er das Dunkel künstlich erzeugen, sich Mysterien ausdenken und lebt von Weihrauch, Reliquien und Beichtgeheimnissen, also katholisch. Auch große Religionskriege kennt der Norden nicht. Nein, die gefährlichen Staaten der Welt liegen in Süd, Ost, West.

Trotzdem ist der Norden das hässliche Entlein der Himmelsrichtungen, ungeliebt und jahrhundertelang verleumdet. An der äußersten Grenze der keltischen Anderswelt wacht die Insel Thule, heißt es, wo keine Sonne scheine und man das Getreide im Hause dresche. Hier liegt die Heimat einer Macht von legendären germanischen Eroberern, der »Wölfe aus dem Norden«, eine »Game-of-Thrones«-Macht, die die Welt überfallen und mit Schrecken erfüllen könnte. »Allzeit traurige Nacht überwölbt jene elenden Menschen dort«, so zitiert Dieter

Richter in seinem Buch über den »Süden« die »Odyssee« und Goethe gar mit dem Ausruf: »Nordwestlich, Satan, ist dein Lustrevier«.

Mal halblang, Goethe! Wer in den Süden reist, sucht die Zerstreuung, wer in den Norden reist, sucht sich selbst. Der Norden kokettiert nicht, der Süden ist ein Flittchen. Hier erfand man Mode als eine Erweiterung des Körperdesigns, als Stimulans öffentlicher Lüsternheit. Der Norden dagegen erfand den Norwegerpullover. Der nackte Wikingerkörper, der in diesem schlummert, ist erst Verheißung, dann Erscheinung. Die Sinnlichkeit des Südens ist bloß der Bikini. Dieser Süden kennt keine echten Rätsel. Seine Götter sind nackt, seine Himmel bevölkert von Nudisten, alles ist offensichtlich.

Echte Erotik aber braucht wie die echten Mythen Finsternis, Schatten, Zwielicht. Der Norden kommt aus dem Halbdunkel und taucht dahin zurück, er lebt in Schattenspielen. Deshalb ist auch die Liebe des Nordens elementar. Sie setzt sich gegen die Kälte durch und muss die Hitze erst entfachen. Anders gesagt, der Liebhaber des Nordens ist ein Samowar, der lange leise simmert. Dem Latin Lover dagegen ist immer schon heiß. Er muss seine Begierde abkühlen und will deshalb den Beischlaf schleunigst hinter sich bringen.

Mehr noch als Schweiß aber bringt dieser Süden Klischees hervor: der Strand, die gestreckte Langeweile in Beige, der immerblaue Himmel, eine Erfindung der Tourismusindustrie, das dolce far niente, eine Beschönigung der Arbeitslosigkeit. Auch pries Johann Winckelmann, der Vater der Kunstwissenschaft, die Schönheit italienischer Menschen, bevor er ihnen leibhaftig begegnet war. Kaum in Italien, gestand er: »Unter den Creaturen sind (hier) die Pferde am schönsten.«

Warum wir trotzdem den süßlichen Italien-Kitsch pflegen? Aus Konträrfaszination. Wir wünschen uns Schwärmer da unten, weil wir Materialisten sind, nein, wir wollen den Süden in seiner Realität nicht kennen.

Gewiss, der Norden kennt keine arkadischen Postkartenschönheiten, er kennt den Rückzug in die Natur, das Ideal der Hütte am Fjord, das Iglu, die Jurte, beschienen vom Wetterleuchten. Touristen zieht es in den Süden, sie haben ihn unbereisbar gemacht. Jeder Küstenfleck erobert von denselben Stereotypen, denselben Angeboten an das Phlegma. In ganz Skandinavien dagegen gibt es keinen einzigen Robinson Club, keinen Ballermann. Die Küsten des Nordens sind einsam wie seine Menschen. Wenn ich nur an die Bucht von Murmansk denke, mit den hellen Birkenwäldern, die sich um die Ausläufer des Polarmeers legen! Grau und pragmatisch mag dieser Ort wirken, von keinem Ideal gestreift, ein angetauter Organismus, der zwischen seinen Mauern das Licht schluckt – und doch, was für ein Individuum von einer Stadt!

Nein, der Norden ist nicht bunt. Seinem Wesen nach ist er schwarz-weiß. Soll die Phantasie ihn nachkolorieren! Trotzdem erlebte ich die größten Farbräusche an der Reling eines Eisbrechers zum Nordpol. Paletten voller Grautöne, Farbfächer aus Grün- und Blautönen, mal das Gelb des Erpelkots, doch dann übernahm wieder das große Weiß, gebrochenes, verschlammtes, angeschmuddeltes, lebendes Weiß. Die Veränderungen auf dieser Fläche sind geringfügig. Mal schiebt sich die Nebelgrenze weiter weg, mal wallt sie einem entgegen. Wetternester am Himmel. Das leere Meer. Die Eisdrift. Der Frostduft. Eisberge in Scherben, in Spänen. Die Wolken hängen mal, dann streben sie auf. Manchmal zeigt sich kurz ein Stück Horizont, dann ist er weggerafft, und das Tuten des Eisbrechers schallt lang und hohl in den Nebelraum. Diese Eispanoramen sind Landschaft ohne Gegenwart. Sie sind ewige Landschaften, gerade weil sie alles Leben abschütteln. Nirgends war mir der Süden auf diese Weise ernst und bei sich begegnet, nirgends schien mir Natur so erhaben wie in diesem Polarmeer. Jeden Tag stand ich über viele Stunden an Deck, gelähmt von Schaulust. Vom Eis ging großes Schweigen aus, und wer lange genug an der Reling stand, ließ bald nicht mehr als den Atem hören.

Was diesen Norden aber gerade vollkommen machte, das waren die Bilder, die er weckte, Bilder des Südens, der vitalen Lebensfreude und Daseinsbejahung, der Sinnenlust und Heiterkeit, die nur hier, im strengen Norden, ihr volles, berauschendes Aroma entfalten konnten.

Havanna, New York, Surabaya ...

Havanna, New York, Surabaya, Dakar, Abidjan, Sankt Petersburg, Saigon, Timbuktu. Jede einzelne dieser Städte umschwärmt von einer Aura. So wie Personen Charisma haben, so können Städte Charisma haben. Wir stellen plötzlich fest: Indem sie das haben, lösen sie Versprechen aus. Sie lösen ein Versprechen aus, das mit dem Konjunktiv zu tun hat, sie fragen: Wer wäre ich? Wer könnte ich sein? Wer hätte ich sein müssen in dieser Stadt?

Diese Form der Selbsterneuerung, der Erfahrung, die mit der Konfrontation mit Fremde zu tun hat, mit dem Nichtdurchschauen, mit dem Unpraktischen, mit dem Nichteffizienten, mit all dem, was nicht zu meinem genuinen Erfahrungsraum gehört, das ist es, was so etwas wie das Versprechen von Städten ausmacht.

Und indem wir dieser Spur folgen, stellen wir fest, dass es zwar etwas gibt, das wir »Fremde« nennen, das die fremde Stadt sein kann, dass wir aber in diesem Fremden sehr gerne das Vertraute suchen. Wenn es so ist, dann könnte es sein, dass wir nicht eigentlich Architekturen bereisen und nicht Kunstdenkmäler finden wollen, sondern dass wir in Situationen ankommen wollen, in einem Konflikt, in einem Geruch, in einer Umarmung. In etwas, das atmosphärisch verdichtet ist, das uns auf irgendeine diffuse Weise das Gefühl gibt, wirklich zu werden. Das ist das Kostbarste, was Lebensräume anbieten können: das Gefühl, in einem Augenblick wirklich zu werden.

Unter Hostessen
Unterwegs zu Hoki Tokuda in Tokio

Die philippinische Stewardess mit Wohnsitz im Schwäbischen tritt an den Klapptisch, setzt den O-Saft ab und sagt: »Sodele«. Zufrieden? Und ob.

Ihr folgt der Steward mit dem Mineralwasser: »Lassen Sie es sich schmecken.« Wird gemacht.

Wir fliegen über Sibirien. Zum ersten Mal verstehe ich den Ausdruck »Das Gesicht der Erde«. Es lacht nie, aber gerade nimmt es Züge an wie die balinesischen Kultmasken, wie Farbholzschnitte aus Japan. Es grimassiert mit grotesken Faltenwürfen.

Viele Säfte, viele Mineralwässer später liegt Tokio unter uns, die Inseln ringsum wolkig weiß und grau, wie Schaumkronen auf dem Meeresspiegel, die Besiedlung wie eine Flechte. Nichts Schönes zu sehen von hier aus, nur das Schnittmuster der Erde ist schön.

Der Grenzbeamte in Narita Airport steht klein und streng. Die Schranke seines Arms klappt hoch:

»Purpose of your visit?«

»Holidays.«

»And the purpose of your visit?«

»And Holidays.«

»Holidays?«

»Yessir.«

»And what is in your suitcase?«

»Clothes.«

Ferien in Tokio? Mit Kleidern?

»You can go.«

Er sagt das resigniert.

Das Hotel, in dessen zwanzigstem Stock ich zwei Stunden Busfahrt später hinter der Gardine sitze, um die Stadt Tokio zu belauern, heißt »Jahrhundert«. Alles ist epochal hier, das Frühstück heißt »Jahrhundert-Frühstück«, der Pool »Jahrhundert-Pool«, und einen »Jahrhundert-Andenkenshop« gibt es auch, falls ich all dies Jahrhundert je vergessen sollte.

Die Hochbauten gegenüber stecken im Boden wie von innen beleuchtete Chitinpanzer ausgestorbener Insekten mit auf und nieder rasenden Fahrstühlen darin. Ja, und es gibt Schnittblumen im Aufzug, und Julio Iglesias wird ewig schmachten »Amor, Amor, Amor«. Auch hier. Die Liebe ist unausweichlich.

Das ist schön und schrecklich, denn während von der Liebe geschnulzt wird, wirken die Paare lieblos und die Masseurinnen, die noch bis Stunden nach Mitternacht gebucht werden, können auch ein Lied singen von der Liebe, aber ein anderes. Einer begegne ich im Fahrstuhl. Sie prustet, reibt sich die Arme und schüttelt den Kopf: Nein, nein und nochmals nein. So extrovertiert sind diese Masseurinnen selten.

Nach Mitternacht auf dem großen leeren Platz vor dem Neuen Rathaus, mitten auf der muschelförmigen Piazza, mit ihrer Assoziation des Mussolini-Prunks in Rom, dort also steht ganz allein ein Mädchen und fotografiert mit ihrem Mobiltelefon den Vollmond. Gibt es jemanden unter den dreißig Millionen im Großraum von Tokio, der heute nicht zum Nachthimmel hinaufblicken kann? Einen Kranken? Gefangenen? Unterirdisch Arbeitenden? Einen U-Bahn-Kontrolleur, eine Hostess, einen Bräutigam im Bankettsaal von einem der großen Hotelkeller? Oder wird der Mond gleich vom Display über die Landesgrenzen geschickt oder über den Ozean, vielleicht nach Europa, wo er noch nicht aufgegangen ist, aber jetzt acht Stunden zu früh eintreffen wird?

Sie könnte ihn einem Liebenden schicken und schreiben: Hier, Liebster, schicke ich Dir schon mal den Mond, unter dem Du in ein paar Stunden schlafen wirst. Amor, Amor, Amor ... Das Mädchen kichert, dass es von den Marmorwänden rieselt. Als ich näher komme, geht sie schnell davon, den Mond fest eingepackt. Der Ort könnte nicht einsamer sein.

Ich kenne keine Stadt, über der das Licht so grau aufgeht wie über Tokio, der einzigen Stadt, die aus dem Anthrazit kommt und auf den Betonflächen langsam aufklart, heller wird, mausgrau, staubgrau, flanellgrau, fahl, dann licht. Graue Mauern werfen das graue Licht grau zurück, mehr Schattierungen seift der Frühnebel hinein. Auch der Dampf aus den Klimaanlagen mischt mit. Jetzt treten die Laufschriften heraus, jetzt die in die Fassaden gesäbelten Schriftzeichen, jetzt Billboards und Transparente.

Drei Tage später darf ich sagen: Der Himmel war immer schön. Keine Wolke blieb, und Sorgen gab es nur im Traum. In den Fenstern der Büros standen um vier Uhr nachmittags die Angestellten zu Fitnessübungen. In den Fenstern der großen Hotels flammten um drei Uhr früh nur noch die Lichter der Jetlag-Patienten, bis vier Uhr früh sind sie allein es, die wachen. Um sechs ging ich zum Frühstücken und aß Spaghetti, danach »Armer Ritter« zu »Jahrhundert«-Instantkaffee.

Dabei las ich jede lesbare Zeitung, darin einmal einen Artikel über drei konservative Anhänger Koizumis, die vor seinen Augen Seppuku begehen wollten, aus Enttäuschung über den Verrat an den traditionellen Idealen; ein andermal einen über den chinesischen Gewinner des »Ugly Man Contests«, der als Hauptpreis eine Rundumerneuerung seines Gesichts bekommt. Immer fanden sich da solch interessante Texte.

Und auf den Straßen? Randvoll sind Gassen, Brücken, Bahnen, Läden, Bürgersteige, Toreingänge, Verkehrswege aller Art mit sechzehnjährigen Mädchen, alle gleich hoch, alle gleich blass, alle gleich alt, ja, auf das Haar gleich alt. Faszinierend. Es muss also eines Tages eine gigantische Golden Shower über der Stadt niedergegangen sein, eine kosmische Befruchtung, die im nämlichen Augenblick Millionen Frauen schwängerte, die alle im selben Augenblick kleine Mädchen hervorbrachten, die so heransprossen, in dieselben Röckchen, Schühchen, Blüschen hineinwachsend.

Ihre plärrenden Stimmen. Immer kommen sie im Hof der gleichaltrigen Freundinnen, von Millionen Freundinnen. Eine trägt eine Baskenmütze, eine andere eine Baseballkappe aus Sandpapier. Dämchen in Matrosenanzügen sind dabei, Uniformierte im Dienste großer Kaufhäuser. Gemeinsam verschwinden sie in einem westlichen Dekor,

»Das Brot-Restaurant« überschrieben, wo man sich an der Theke aus fünfzehn Brotkörben bedient, Sesambrot, Kürbisbrot, Zwiebelbrot, Tangbrot, Algenbrot, Brotbrot.

Andere verteilen Papiertaschentücher mit Werbeaufdrucken auf der Straße. Dritte wieseln mit indischem Curry zwischen gekachelten Wänden herum, in Schwarzwaldkostümen, mit gestärkten Schürzen und weißen Schleifen im Kreuz. Und so weiter.

Nach vier Tagen habe ich kaum vier Sätze gesprochen. Einem Fremden in die Augen zu sehen gilt als unhöflich. Man könnte unsichtbar sein und würde es kaum merken. Julio Iglesias singt immer noch im Aufzug, und allmählich werde ich knieweich.

»Licht des Orients, Perle des Orients«, »Venus von Samothrake, Shizuoka und Points East«, »Königin der Azoren«, »Du Gefeierte und Schöne«, »Nachfahrin der Samurai«, »Kleine Rosenknospe zwischen Dornen«, »Hoki Mysteriosa Cantabile«, »Singvogel, Liebesvogel«! Wollte ich nicht Hoki Tokuda finden, die letzte Frau von Henry Miller, die hier eine »Hostess Bar« unterhalten soll?

Diese befremdliche Frau, die wohl geliebt wurde und nicht zurückliebte, der geschrieben wurde und die nicht antwortete, wer war sie? Auf den wenigen publizierten Fotografien hat sie ein anderes Gesicht für jeden Fotografen.

Einmal schenkt sie Miller eine Aufnahme, auf der sie nackt sitzt, mit angezogenen Beinen vor einer Tapisserie. Wie sie so über die Schulter aufwärts blickt, könnte man sie für elegisch halten. Ein andermal zottelt sie als Hippieschlampe durch ein Museum. Dann wieder sitzt sie 1966 in den »Imperial Gardens« singend am Klavier und könnte France Gall sein. Auf dem Hochzeitsfoto mit Miller dagegen ist sie ein schüchternes Frauchen mit Pagenkopf, so treuherzig, dass man kaum glauben kann, dass sie gestand, Miller aus drei Gründen zu heiraten: »Sympathie, Aufenthaltsgenehmigung und Ruhm«.

Damals war sie irgendwo in der zweiten Hälfte ihrer Zwanziger, alle möglichen Zahlen kursieren, und jedenfalls zählte er bald fünfzig Jahre mehr als sie, die ihm, so ihre Version der Geschichte, als Tischtennispartnerin im »Pacific Heights« zugeführt wurde. Er schummelte und gewann.

Außerdem sang sie damals am »Sunset Boulevard« Jazz-Standards. Manchmal kam er, sie zu hören. Jedenfalls hatte sie in Tokio fünf Filme gedreht, war erst seit kurzem in den USA, und wer Miller war, das erfuhr sie erst durch Briefe von zu Hause.

Du sollst meine fünfte Frau werden, soll er gesagt haben. Ganz zuverlässig scheint ihr die Nummerierung nicht, argwöhnt sie doch, er habe inzwischen vielleicht ein paar Ehefrauen vergessen. Jedenfalls witterte der Standesbeamte eine Scheinehe, und so pfefferte sie ihm ein Konvolut Liebesbriefe vor die Nase, die Miller ihr seit 1966 geschrieben hatte, rührende Liebesbriefe, die mit der Zusendung von Kinderbildern eröffnet werden.

Danach stand der Ehe nichts mehr im Wege, bis auf ihren Vollzug. Henry drängte, Hoki scheute und schlug zur eigenen Entlastung die Mitwirkung einer zweiten Frau, »einer Konkubine«, vor. So geschah es, und auf diese Weise ersparte man sich im Bett jede Enttäuschung, war doch, wie sie sich ausdrückte, »sein sexuelles Feuer erloschen«. Er begnügte sich mit Händchenhalten und Maulheldentum. Nach außen aber traten sie zu dritt auf, was Henry größtes Vergnügen bereitet haben soll.

Ein deutscher Interviewer fasst es so: »Hoki kommt herein, mit einer zwitschernden kleinen Freundin, für die es Küsschen gibt und japanische Schmeichelnamen. Henry, beinsteif, schwerhörig und kurzsichtig, wie er ist, gibt sich dem Genuss des Kosens hin, saugt Schönheit und menschliche Wärme.«

Warum er sie heiratete?

»Ich hoffe, ein leichteres Leben mit meiner Frau zu haben, als ich es vorher hatte. Ich hoffe, sie hilft mir, mich vor der Welt zu schützen.«

Ersteres bekam er nicht, Letzteres konnte sie nicht.

Warum sie ihn heiratete?

Erst wollte sie nicht, seines Alters wegen: »Ich mochte seine alte Haut nicht, aber kaum redete er, machte es mir Spaß.«

Was redete er? Führten sie Gespräche über Literatur? Kunst? Film? Jazz? Ach nein, die Verständigung war schwierig, und Miller behandelte die beiden jungen Japanerinnen wie Babys, mit denen kein ernsthaftes Gespräch möglich sei.

Abgesehen davon verließ sie sich auf seine schlechte Gesundheit, dachte, zwei, drei Jahre noch, und alles, was von mir verlangt wird, ist, für ihn zu singen. Das war leichter verdientes Geld als in den Clubs. Und Hoki sollte Miller, doch Miller seine Ehe überleben.

Zwei Jahre lebte das Paar zusammen, acht Jahre währte

die Ehe. Dann entließ die Scheidung sie beide ins Nimmerwiedersehen. Sie eröffnete eine Boutique, er eröffnete einer anderen Frau, Brenda Venus mit Namen, seine erotische Innenwelt, brieflich. Ein paar Jahre lang haben Hoki und er noch korrespondiert, dann schlief auch das ein. In Japan, das er aus der Ferne studierte, ist Henry Miller nie gewesen. Ein Astrologe hatte ihm davon abgeraten.

Wie wäre ihm diese Welt erschienen?

Was versteht man von einem Land, wenn man seine Sexualität nicht versteht? Die Schulmädchen nicht und nicht die Rape-Videos, die Zartheit der reinen Betrachtung weich fotografierter Mädchenkörper, die hart inszenierte Unterwerfung, die Abwesenheit von Psychologie dabei? Auf der Straße O-Beine in Fuck-me-Stiefeln, die das Säbelbeinige erst richtig herausarbeiten. Ich suche weiter.

Ein Sonntagnachmittag in Roppongi: erkaltete Reste der Nacht, übernächtigte Frauen an der Seite desinteressierter Männer, amerikanischer Swing der jüngsten Jahre in der Luft, Lounge Music, das Schwirren von Saiten rund um chinesische Dim-Sum-Lokale, Brasserien, Seven-Up-Läden, American Diners. An einer Straßenkreuzung zwischen Nüsse-Verkäufern und Zeitschriftenhändlern eine etwa 22-Jährige mit kastanienrot gefärbten Haaren, ein Schild vor sich mit japanischen Schriftzeichen, darunter auf Englisch: »Slave«. Eine Künstlerin? Eine Prostituierte? Unter ihrem Arm ein Bildband über Audrey Hepburn.

Was liegt auf dem Weg von Henry Miller bis hier? Was ist in den Gesichtern angekommen? Manche Menschen sehen einfach nicht aus, als seien sie im Sex entstanden. Eher wirken sie zusammengeschraubt oder programmiert. Andere dagegen tragen zeitlebens die Pantomime eines Akts der Liebe im Gesicht, so verzückt, als hätten sie die Freude ihrer Entstehung immer noch nicht ganz hinter sich. Bei ihnen wirkt die Freude der Zeugung nach wie eine Depotspritze.

Ich fahre Rolltreppe in einem großen Kaufhaus, vom Erdgeschoss in den achten Stock, vom achten Stock bis runter ins Tiefgeschoss und wieder hoch in den achten. Gelassenes, stetiges Reisen, voller guter Aussichten und Momentaufnahmen.

Zwischendurch kann man mittagessen hinter ein paar Papierwänden, vorausgesetzt man hat auf dem Bänkchen davor gewartet, bis man eingelassen wird. Es ist das Stockwerk der Wäscheabteilung, und allmählich wird auch mir bewusst, dass ich der einzige Mann bin unter meist älteren Frauen.

Sie beobachten aus dem Augenwinkel, wie ich den gebratenen Reis mit Stäbchen balanciere, lauter labile Häufchen auf einer Luftbrücke zum Mund bringe. Zuletzt anerkennendes Nicken, wie das Klatschen im Charterflug bei der Landung, Lächeln, Grüße, ich bin in Obhut. Hinterher fühlt sich die Straße noch einsamer an.

Vor ein paar Jahren noch war diese Stadt voller japanischer Spice Girls. Jetzt sind die Lara Crofts gerade passé, die russischen PR-Lesben von Tatu im Abklingen, aber da alles Erfolgreiche eine Fortsetzung hat, werden sie alle wiederkommen. Jetzt tragen die Mädchen einen Look wie die Bobtails, mit maronenbraunen Pilzköpfen und aufgemalten Sommersprossen. Bei Einbruch der Dunkelheit sammeln sie sich am Hachiko, dem Denkmal des treuen kaiserlichen Hundes. Treu? Nicht einmal fünf Prozent aller Tiere sind monogam.

Die Ordnung auf der Straße hat etwas Kultisches. Selbst die Elenden mit der Sozialfunktion »Bettler« liegen in Kartons brav nebeneinander. Mal steht »Made in the Philippines« darauf, mal einfach »Enjoy« oder »Bananas«. Im Innern sieht man die Bettler auf dem Rücken liegen und gegen den Plafond stieren. Der ist unbeschriftet. Auch die Ordnung macht traurig. Und einsam.

Nie habe ich eine Stadt auf so vielen krummen Frauenbeinen laufen sehen, alle anders krumm. Ihre Individualität liegt irgendwo zwischen Söckchenbund und Rocksaum. Nur einmal hat mich eine Frau angesprochen, eine mit Sommersprossen und einem lustigen vierzigjährigen Gesicht samt Pony. Sie sprach Englisch und sagte wörtlich übersetzt: »Würden Sie mich bitte in die Kirche begleiten und sich einen netten Segen abholen?«

Ich hatte eine Schwäche für das Wort »nett«. Aber in der Kirche musste ich nur einmal im Seitenschiff neben ihr knien, ungesegnet, denn der Pfarrer war auf und davon. Also versuchte ich einen frömmelnden Gesichtsausdruck, ließ sie ein bisschen murmeln und erwarb dann für eine Faustvoll Yen eine Loreto-Madonna auf Papier, weil die so ernsthaft und menschlich aussah wie eine Muttergottes aus dem Passbildautomaten. Die steckte ich ein und ging. Madonnen und Models fallen in Japan gern europäisch aus.

Die zweite Klasse der Menschen, die sich außer den

christlichen Schwestern in Tokio traut, einen Fremden anzusprechen, sind die Männer vor jenen Nachtbars, die sich nicht durch ein »No Foreigners Allowed« Sommerfrischler wie mich vom Leib halten. Diese Männer aber können auf Deutsch so schwierige Worte wie »verwöhnen« sagen, ein Ausdruck aus der Weltsprache der Lustversprechen, der gebrochenen. Man versteht ihn kaum, von so weit weg kommt der Klang: »Verwöhnen« bellt der Straßenkuppler, der eine Rolle roter Coupons in der Hand hält wie Rabattmarken. Ich gehe mit ihm, das heißt hinter ihm her, denn er bleibt immer drei Schritte vor mir. Ich bin ihm peinlich. Wir sind einander beide peinlich.

Die Hostess-Bar, in der er mich abliefert, besteht aus einer langen Theke mit Pit-Stop-Mobiliar und ein paar Resopaltischen, beschienen vom Streulicht einer Neon-Installation. Vom anderen Ende der Theke lächelt mich der einzige Gast an, gequält. Eine Frau im Minirock sitzt vor ihm auf dem Counter. Ihr Beine quellen unter dem Röckchen hervor wie nasser Puffreis. Ich bekomme einen Barhocker am anderen Ende.

Der Geschäftsführer mit seiner eingeübten kosmopolitischen Attitüde erklärt mir die Regeln. Sein Englisch wird nie wieder so flüssig sein wie jetzt. Hier sind die Erdnüsse. Hier Glas und Bier. Die Erdnüsse – »essen Sie, so viel Sie wollen«, das Bier – »wir schenken Ihnen nach, Sie müssen nur trinken«.

Jetzt noch ein gewisses Sümmchen, vierzig Euro ungefähr, eigentlich fürs Gedeck, und dann kann's losgehen. Was?

»Sie haben eine Stunde Zeit. Alle zehn Minuten stelle

ich Ihnen ein neues Mädchen vor. Fünf Mädchen: Das macht fünfzig Minuten. In den zehn Minuten, die dann noch bleiben, dürfen Sie sich eines der fünf Mädchen aussuchen zum Anfassen. Das kostet dann noch einmal sechs Euro. Wenn Sie aber mit ihr den Raum verlassen möchten, no problem, no problem«, er wehrt meine imaginären Einwände ab, »aber dann müssen wir neu verhandeln.«

Ich schüttle mehrmals den Kopf.

»No problem.«

Er stellt das Bierglas samt Flasche vor mir auf.

Das erste der Mädchen trägt leicht an einem süßen blauen Chiffonkleidchen mit federbesetzten Ärmeln und schwer an einer Kiefern-Gaumen-Spaltung, vulgo Hasenscharte. Sie spricht kein Englisch, wäre aber auch im Japanischen kaum zu verstehen. Sie zischt, ich gestikuliere. Am Ende teilen wir ein paar Erdnüsse und die Erleichterung der Trennung.

Die Zweite ist eine Vorbeißerin in Grün. Zuerst fasziniert mich die japanische Variante der sogenannten »Habsburger Lippe«, dann ihr Geburtsort Taiwan. Ich denke an Hartgummispielzeug und Scherzartikel. Wie treuherzig ihr Gesicht wirkt und wie früh gealtert!

Jetzt schwingt sie sich sogar auf die Theke, blickt von oben auf mich herab und gießt dabei unaufhörlich Bier nach. Das Spätsommerlicht bricht sich im Flaum ihrer Schenkelbehaarung. Aber aus meiner Perspektive, von unten betrachtet, schwillt ihr Kopf zum Ballon. Die Nächste, verspricht sie, könne fließend Englisch. Das ist das Einzige, was sie selbst auf Englisch kann.

Die Dritte sieht aus der Ferne interessant aus wie eine dieser Frauen, die ihren majestätischen Kopf auf der Straße hoch erhoben an mir vorbeibalanciert haben. Sie tritt durch die Flügeltür der Küche und nähert sich phlegmatisch, gleitet die Theke hinauf, die angezogenen Beine unter den Körper faltend.

Ich lege die Hand auf das Bierglas, sie gießt einen Tropfen darauf. Als ich wegziehe, lacht sie und entblößt eine Reihe von innen ergrauter Schneidezähne. Ab Minute neun wird sie meine Augen nicht mehr loslassen, und ich werde mich fragen, wie ich hier rauskomme. Dann geht sie hinüber zu dem Gast am Ende der Theke und entblößt ohne Zögern ihre Brüste. Der Junge blickt erst sie an, dann mich.

Während die Letzte, eine schmale Braune mit nervöser Heiterkeit, ihre Verlegenheit ausbadet, indem sie das Bier in dem vollen Glas mehrmals über den Rand treten lässt, beginnt der Kunde auf der Stirnseite mit der Betastung der angebotenen Brüste. Das Mädchen mit den schlechten Zähnen sieht über seine Schulter unverwandt in das bengalische Glänzen der gegenüberliegenden Neon-Reklame. In diesem Augenblick ist die Einsamkeit aller im Raum vollkommen.

Nein, ich verzichte auf das Betasten von wem auch immer und mache mich auf die Socken. Sofort bricht der Kuppler aus der Kulisse: »No! You cannot go!«

Er stellt sich zwischen meinen Hocker und die Außentür und macht seine Rechnung auf: »Noch sechs Euro bis zur Betastung!«

Ich schüttele meinen betrunkenen Kopf.

»Nicht zufrieden?«

»Dochdoch.«

»Verwöhnt?«

»Jaja.«

»Bumsibumsi!«

Er sagt das auf Deutsch.

»Nein, bitte!«

Der Junge, die Hände bewegungslos auf dem Nackttorso, hört zu, der Kuppler zieht eine Grimasse wie auf einem japanischen Farbholzschnitt. Jetzt lehnt das blaue Chiffonkleid auch noch wartend an der hinteren Schwingtür.

»Ich habe eine Freundin!«, schwindele ich, als hinge alles davon ab, »Girlfriend!«

Das will ihm nicht einleuchten, und er hat recht. Ich fahnde nach einem Beweis. Das Erste, was mir beim Durchsuchen meines Portemonnaies in die Hände fällt, ist das Madonnenbild. Ich hebe es ganz kurz bis auf die Höhe seiner Augen. Keine Ahnung, was er gesehen hat, aber als er so routiniert nickte, beiseitetrat und eigenhändig den Vorhang aus dem Weg raffte und als ich dann auf der Straße stand, trunken vor Bier und Glück über diese wunderwunderschöne Hostess-Bar im Herzen von Shinjuku, da hatte mich die Madonna errettet und eingehüllt, die Madonna in ihren roten Mantel der Liebe.

Der Liebe? Ich wollte doch Hoki Tokuda suchen.

Der alte Henry Miller war wie besessen von der Vorstellung einer asiatischen oder orientalischen Frau, von der er »vorbehaltlos geliebt und nie verlassen würde«, so sein Biograph Jay Martin. Außerdem faszinierten ihn

Paare mit Altersunterschieden wie Pablo Casals, der mit achtzig eine Zwanzigjährige heiratete.

Die Aufgabe der letzten Ehefrau im Leben Henry Millers war es, mit seinem Geld zu shoppen, während er dringend nach ihr verlangte, ihm dafür aber die Illusion vorzuspiegeln, Frauen seien rätselhaft. Doch was blieb ihm selbst außer dem Schauwert?

Ein Bündel Briefe hat er ihr geschrieben, leidenschaftliche, abgeklärte, böse, zornige, enttäuschte, läufige Briefe, das Prosastück »Insomnia«, gleich nach der Trennung im »Playboy« erschienen, nicht zornig, eher in der Haltung eines Buddha, eines Christus, der keine Liebe gibt und keine braucht, weil er in sich ruhend Liebe ist. War es so?

Sie selbst schrieb ihm ja kaum, angeblich weil sie nicht gut Englisch konnte. Zuletzt beklagte er, er habe sich »von Hoki zum Narren machen lassen«. Bald nachdem er 1980 starb, erschien in Japan ihre Biographie unter dem Titel »Mrs. Henry Millers Albtraum« und brachte ihr einen gewissen, wenn auch zweifelhaften Ruhm ein.

So blieb es denn auch nicht bei der Boutique. Hoki träumte einen Traum, den auch Miller früher geträumt hatte: Eine Bar sollte es sein.

Denke man an die Vielfalt der Bars von Tokio und all ihre Spezialitäten, schrieb F. Scott Fitzgerald einmal, so befinde man sich mitten in einer Fiktion von Borges: »Mit Sicherheit gibt es eine Bar für Komponisten, die ihr Manuskript verloren haben, eine Bar für Schauspieler, die gerne Zahnärzte wären, und eine Bar, in der Baseballplayer das Werk von Jean-Paul Sartre erörtern können.«

Und so gebe es eben auch eine Bar für die letzten Ehefrauen großer Schriftsteller.

Nach 21 Jahren in den USA kehrte Hoki Tokuda 1985 nach Tokio zurück und eröffnete ihre Bar drei Jahre später, die Hostess-Bar namens »Tropic of Cancer«. Nach einem Umzug befindet sich das Lokal heute in einem der oberen Stockwerke eines kalten Bürogebäudes in Roppongi.

Man klingelt. Man wird eingelassen ohne Gesichtskontrolle. Man kommt durch den Flur, geht auf die Bar zu, betritt die Stube, eigentlich ein Wohnzimmer, eher westlich dekoriert mit schweren blassbeigen Polstermöbeln, einem Stutzflügel auf der Stirnseite. Auf dem Flur und im Klo hängen Gemälde und Memorabilien von Henry, bunte, bizarre Farbflecken, die in dieser Beleuchtung ohnehin niemand ansieht: naive Porträts, Miro verwandte, kalligraphisch anmutende Zeichenwelten, Stadtprospekte und Tiere.

Der bürgerliche Salon verfügt außer über Sitzmöbel auch über zwei australische Ausreißerinnen, die Paul Hogan verehren und sich keinen besseren Job vorstellen können als diesen. Sie begrüßen die japanischen Gäste mit merkwürdigen Verbeugungen, die sie für asiatisches Brauchtum halten, gießen ihnen Schnaps ein und lachen oft und gerne ohne Grund. Man versteht sie schlecht, und sie verstehen nichts. Gesellschaftsdamen sind sie, nichts anderes.

Von Miller haben sie nie gehört und über die merkwürdige schwarz gekleidete Clubbesitzerin eigentlich nie nachgedacht. In ein paar Sätzen rekapituliere ich ihre

Biographie. Und da hatten sie immer gedacht, das Autogramm von Michael Douglas da an der Bar sei das Kostbarste im Raum!

»Jetzt kapier ich!«, ruft die Ältere, »die Bilder im Klo, alle von ihm.«

Sie stürzen gemeinsam aufs Klo.

Inzwischen ist auch Hoki in den Saal gehuscht, die Amoralische, Schweigsame, die auch an diesem Abend ein angenehm gelöstes Verhältnis zu berauschenden Substanzen beweist. Mit jedem von uns dreien über den Raum verstreuten Gästen hat sie ein paar unbeteiligte Sätze gewechselt. Dann setzt sie sich an den Flügel und singt mit einer schläfrigen, selbstvergessenen Schlafzimmerstimme »Can't give you anything but love«.

Singen kann sie wie der späte Chet Baker, aber Liebe geben? Nicht hier, nicht jetzt, und wenn, dann müsste sie sich wie Sterbehilfe anfühlen.

Kabul

Anflug auf Kabul: in den Dreck gekratzte Strukturen, Ton in Ton gezeichnet, die Profile der Siedlungen wie kristalline, elementare natürliche Formen, die Verkehrsadern wie Adern, die über eine Muschel laufen, die Karrees der Besiedlungsblöcke intakt, über Kilometer bloß wie Auslegeware hingerollte Grobtextur. Umfassungsmauern, Einzelwände, auch mal Dächer und verschorfte Erdwunden dazwischen, Bombenkrater, Abschürfungen. Die Haut der Erde windelweich geprügelt, verletzt und rekonvaleszent.

Die Ankunft in einem Trauma, in einer Landschaft, die alttestamentarisch scheint, für viele Inbegriff von Tod und Verwüstung und dem Skandalon ist, dass Personen verschwinden, abtreten, ins Gras beißen, immer fehlen werden. Immer. Ein Land, über dem sich alles türmt, was fehlt.

Die Kriegsgeschichte dominiert alles. Der letzte Raketenbeschuss ist nur Wochen her, Ruinen, ausgebrannte Panzer, schweres Gerät liegen gestrandet. Selbst die Straßenarbeiter stehen im Graben, die Schaufeln haltend wie Waffen. Und Kinder lehnen an der Hauswand, gespenstisch erwachsen, in Posen, die sie den Kriegern abgeschaut haben. In unserer Luxuspsychologie heißt das »Traumatisierung«. Anders gesagt: Sie haben ihr Leben dem Tod abgetrotzt und es noch nicht restlos gewonnen.

Rückkehr nach Afghanistan

»Die Sicherheitslage«, hieß es schulterzuckend. Flug und Hotel wurden storniert. Selbstmordattentäter in Kabul, die »Frühjahrsoffensive der Taliban« drohe. »Die Sicherheitslage«, hieß es beim nächsten Mal. Mein Visum verfiel, US-Soldaten hatten den Koran verbrannt. Aufstände gegen Ausländer waren zu befürchten. »Die Sicherheitslage« ist der Grund dafür, dass westliche Politiker ihre Hotelzimmer nur verlassen, um im gepanzerten Wagen in ein Ministerium zu fahren und rasch zurück. Sie ist der Grund dafür, dass sich die prominenten Truppenunterhalter mit einer Besichtigung des Landes unter Bundeswehrperspektive begnügen. Afghanistan wird dabei unsichtbar. Das zivile Land bindet kein Interesse mehr. Ungestört lässt sich in einem Land nur Krieg führen, wenn die Anschauung fehlt.

Bei der Einreise in diese Hochsicherheitszone wird mein Pass einmal, mein Koffer keinmal kontrolliert. Als ich das Land verlasse, wird mein Pass siebennmal inspiziert, mein Koffer bloß umgerührt. Das Durchleuchtungsgerät ist defekt. Zur Luftüberwachung schweben zwei Zeppeline über der Stadt. Um in mein Hotel zu gelangen, passiere ich eine Straßensperre und drei Schleusen am Eingang. Die Wachleute mit ihren frisch gewienerten Gewehren und unbeholfenen Tätowierungen mit Herz und Pfeil und Sure tragen in ihren Gesichtern ein erloschenes Staunen darüber zur Schau, dass wir noch kommen, noch sind, wie wir sind.

Eine Farce ist die Sicherheit, ein Verkaufsargument für westliche Reisende, die sich in Security wiegen wollen. Vermehrt aber haben sich nicht nur die Kontrollstationen, sondern auch die Anschläge auf die Sicherheit. Vermehrt haben sich die Konsumangebote auf den Plakaten, nicht der Konsum. Man fährt zwar in eine Stadt ohne Kanalisation, ohne ausreichende medizinische Versorgung, ohne rechte Infrastruktur, doch passiert man dabei die Schneisen der Billboards mit Plakatwerbung für die Polizei, die Regierung, Präsident Karsai, für Toupets und Getränke. Die Slogans lauten »Now in Afghanistan: Pepsi« oder, neben dem Motiv eines Stammesältesten mit künstlichen Zähnen, einem Turban, einem Radio: »For the Rock 'n' Roll in all of us.« Aus den Zeltdörfern gegenüber schwärmen die professionellen Bettler, »Punker« nennt sie der Fahrer, und meine exilafghanische Freundin Nadia fotografiert einen Abfallhaufen, weil sie in Deutschland eine Frau weiß, die sich für eine Müllverbrennungsanlage in Kabul einsetzt.

Die Rückkehr nach Afghanistan ist anders als die in jedes andere Land, weil man gleichzeitig dem Frieden bei seiner stockenden Ausbreitung, dem Warenverkehr bei seiner Verästelung, der Stadt bei ihrer Verdichtung zusehen und sagen kann: Ich kannte euch schon, als ihr verloren wart. Und sie werden sagen: Wir sind es noch. Wo ist der Vogelmarkt heute? Welche Filme werden jetzt gezeigt? Wo sind die Bomber über der Stadt? Kreisen die

Panzerrohre noch auf dem Kreisverkehr? Halten die alten Bettlerinnen noch Babys in die Abgase, um mehr Mitleid zu stimulieren? Ja, das tun sie. Im Elend steht die Zeit.

Der Fahrer Nabil erzählt von den Provinzen des Südens, wo die Menschen noch nie eine Südfrucht gesehen haben, ja, nicht einmal das Foto einer Südfrucht. Er erzählt von den Japanern, die ganz verrückt sind nach Afghanistan, alles wissen, sich jeden archäologischen Rest ansehen. Er klagt über die Farce der Kasseler »documenta« in Kabul: Für einen Tag existierte sie, in einem Park, der Eintritt kostet, und zugänglich war sie nur für Ausländer, »for security reasons«. Gehen wir in diesen, den legendären Borbur-Park! Sehen wir uns die Schaukästen an, zwei Alleen lang. Sie sind leer.

Unhaltbar, was dieser Park fassen, welches Leid er lindern, welche Staus er lösen soll! Doch die Liebespaare sitzen wirklich auf den Rabatten. Es liegen auch Schlafende im Schatten, Frauen versammeln sich in Grüppchen wie zur Beratung. Hier gibt es keine Kontrollen, man hört Musik. Ein kleiner Junge läuft sogar herum mit einem Transistor voller schweinischer Liebeslieder. Die Männer beobachten die Frauengruppen unter den Bäumen, verschleierte Frauen sind auch darunter. Es gibt Kioske, die Früchte verkaufen, Kartoffelteigtaschen und frisches Wasser, Kinder spielen in den Wassergräben, Schmetterlinge sind in der Luft, und die Kanonen, vor deren Rohre ehemals die Körper der Feinde gebunden wurden, blicken heute auf bunte Fassaden. Es ist die Farbe nach Kabul gekommen. Aus dem monotonen Grau der Felsen schreien die frisch gestrichenen Häuser heute in Rosa und Hellblau.

Nicht weit von hier ist auch der Zoo von Kabul noch intakt. Die Tiere in ihren Käfigen bewegen sich wie wir: von Hochsicherheitstrakt zu Hochsicherheitstrakt. Eben reichen die jungen Männer dem Schimpansen eine Zigarette. »Nicht!«, ruft ein Kind, aber er greift gierig nach dem Stängel. Sie haben ihn längst süchtig gemacht. Ich frage zwei junge Frauen, die vorübergehen: »Welche Tiere mögt ihr?« »Die kleinen und die bunten«, sagen sie, lachen mit der Zutraulichkeit junger Prostituierter und warten, ob noch etwas kommt. Dann streben sie zum Riesenrad. Riesig ist es nicht, läuft aber mit einer Geschwindigkeit, als wolle es sich vom Boden erheben. Die Kabinen schaukeln heftig, die Passagiere verkrampfen sich, jemand ruft nach Allah.

Da sitzen wir, in einem Hof mit Blick auf die Straße, zwischen umgekippten Stühlen und Tischen. Durch den Augustregen dringt Bollywood-Geleier. Der Regen klatscht auf die Brüstungen, durch die offenen Fenster dringt ein Essenshauch. Gegenüber steht ein Bett mit Baldachin am Straßenrand. Deprimiert wirken die Rosen und Sträucher mit ihren hängenden Zweigen. Wo also liegt das Eigentliche dieser Stadt, die sich immer noch aus den Kriegszeiten hebt, dieses Fluidum im Staub über den Straßen, den gelben Taxen, den am Wegrand geführten Tieren, Ziegen und Schafen vor allem, den streunenden Hunden, Lasteseln, den Humpelnden im Verkehrsfluss, den Wartenden, Hockenden, Betrachtenden, die sich an einem Rondell versammelt haben, weil von hier die Tagelöhner und Gelegenheitsarbeiter verpflichtet werden? Zu jeder der Gestalten gibt es auch eine Vorstellung von dem

Innenraum, in dem sie verschwinden wird, und alles spielt sich ab in gemessener Bewegung vor einem graubraunen Szenenbild. Alles kommt in Trauben: Wasserkessel, Zwiebeln, Melonen. Es sind Menschen darunter, die nie mehr aus dem Krieg heraustreten, die sich nie mehr aus ihm lösen werden. Wenn man sie anspricht, nur um sie sofort in eine Erzählung über Kampfhandlungen einbiegen zu sehen, und man zwischendurch einen Schrecken darüber empfindet, wie schön die Leidensgeschichten die Gesichter geprägt haben, humpelt ein tief verdüsterter Alter über die Straße und leckt ein »Capri«-Eis am Stiel.

Es regnet noch immer diesen überraschenden warmen Septemberregen, als wir im Stadion, beim Training der Frauenfußballnationalmannschaft ankommen. Hatte ich sie beim letzten Besuch noch in der Halle trainieren sehen, so erlebe ich die Frauen heute im Freien, mehr noch: Wenn der Regen mal aussetzt, misst man vierzig Grad im Schatten. Die Frauen tragen zwar alle Kopfbedeckungen, manchmal auch bloß ein Schweißtuch, eine Baseballkappe, einen Schal oder die Flagge Australiens, auch sind ihre Arme und Beine bedeckt, aber der Platz liegt offen zwischen den Tribünen. Es sehen Männer zu, und mir fällt die Schuldirektorin ein, die zuletzt noch gebeten hatte, wir möchten ihr einen Meter Mauer schenken, damit die Männer den Mädchen nicht beim Sport zusehen könnten. Sehen keine Männer zu, spielen sie bisweilen sogar mal kurzärmelig. Nur schamhaft, nur gefährdet hatten sie ihren Sport betrieben, auf der Straße manchmal mit Steinen beschmissen, wenn sie vorbeiradelten auf dem Weg zum Sportplatz.

Heute toben sie durch den einsetzenden Regen, probieren Spielzüge aus, während der alte Nationaltorwart die beiden Torhüterinnen trainiert. Eine von beiden verbringt gerade ihre letzten Tage hier. Sie wird nach Norwegen ziehen und dort heiraten. Ihre Nachfolgerin ist nicht so beherzt wie sie, sondern sagt, immer habe sie auch ein wenig Angst vor dem Ball. »Stell dich der Aufgabe«, ruft der Trainer, »nimm den Ball als willkommene Überraschung, und das Wichtigste ist: Du musst mit den Füßen tanzen.« Man weiß nie recht, ob er vom Fußball oder von der Lebenskunst spricht.

Dann kommt sie vom Feld und sagt: »Ich habe brennende Füße!« Der Kunstrasen heizt sich unter dieser Sonne noch mehr auf, doch haben die Frauen schon unter heißerer Sonne gespielt. Der Trainer macht sich Sorgen um den Gesundheitszustand seiner Schützlinge. Sie hungern zu viel, kriegen meist nicht mal Milch. Aber immerhin, sagt er, nehmen die Phänomene der Traumatisierung durch den Krieg in jedem Jahr ab. Die Aufbauarbeit ist trotzdem schwierig, denn kaum heiraten die Mädchen, verbieten ihre Männer ihnen nicht selten den Sport.

Frauenrechte, hatte mir ehemals eine Feministin im nächtlichen Kabul gesagt, das möge zwar wie ein Luxusthema klingen, aber der Programmbedarf der vielen Rundfunkstationen sei hoch, und so brächten die Frauen immer wieder feministische Beiträge unter, die in den afghanischen Bergen gehört würden. Ich verabrede mich mit Homeira Qaderi in einem unscheinbaren Restaurant im nächtlichen Kabul. Sie ist mit dem eigenen Wagen gekommen, eine zarte, energische Frau mit vollendetem

Kleidungsstil, eine feministische Schriftstellerin, die einzige, die im Fernsehen über Literatur spricht. »Ich habe Sie auf YouTube gesehen«, sage ich. »Dann kennen Sie ja meine Bluse schon«, erwidert sie. In der Tat, da saß sie, genau wie hier grün-weiß-gestreift. So saß sie auch ehemals auf der Petersberger Konferenz in Bonn und sprach über Frauenrechte und gesellschaftliche Probleme. »Es gab Reden«, sagt sie resigniert, »Konsequenzen gab es kaum. Es gab jede Menge Selbstdarstellung und keinen Pragmatismus.«

Qaderi war vierzehn, als sie zu schreiben begann und die Taliban an die Macht kamen. Ihre erste Erzählung erschien unter Pseudonym in einer Zeitung. Doch sie flog auf, und ihr Vater kaufte alle Zeitungen auf vor Angst. »Die Taliban ermahnten mich, drohten, sie würden mich auspeitschen.« Sie kam davon, duckte sich weg, doch unter Tränen. »Die schönste Zeit meines Lebens habe ich unter der Burka verbracht. Ehemals waren wir drei Freundinnen. Die beiden anderen haben sich verbrannt.« Qaderi war zwanzig, als die Taliban gingen, und sie schrieb immer noch und stellte Fragen: »Warum nur hatten wir diese Bereitschaft, die Taliban überhaupt aufzunehmen? Warum besetzen jene, die mit mir im Land bleiben, keine Führungspositionen? Warum haben sie keinen Einfluss?« Sie selbst lebte zeitweise im Iran, nahm an der Grünen Revolution teil, wurde verhaftet und verhört und musste das Land innerhalb von 48 Stunden verlassen.

In Afghanistan berät sie heute den Innenminister, arbeitet für die Vereinigung der Waisenhäuser, »und wenn der Minister meine Gefühle nicht durcheinanderbringt, kann ich ein paar Stunden konzentriert schreiben. Mein Mann unterstützt mich. Aber unter Bedingungen. Ich muss mich dauernd erklären, wie ich lächele, wen ich ansehe. Von den Drohungen, die mich erreichen, sage ich meinem Mann nichts. Er würde sie nur fürchten. In seinem Kopf sind immer die Taliban. Der Gedanke der Einschränkung, das ist der Talib, nicht der Mann, der sich so nennt. Ich begegne den Taliban also vielleicht nicht leibhaftig, aber ihren Denkformen begegne ich selbst in der eigenen Familie.« »Haben Sie je Feministen unter den afghanischen Männern getroffen?« »Doch, es gibt Männer, die auf unserer Seite sind. Aber die meisten schimpfen eher: Du machst alles kaputt, wir bringen dich um. Bei allen Schwierigkeiten, die uns die Männer bereitet haben, haben sie sich diese Probleme ja auch selbst bereitet.«

Es ist dieser Kampf, der ihr Leben bestimmt. »Ich wollte nicht das klassische afghanische Frauenleben. Ich wollte nicht wie meine Mutter leben. Ehemals haben hier viele Frauen geschrieben. Doch kaum bekamen sie Kinder, waren sie weg. Ich weigere mich, Kinder zu bekommen und in diese Rolle zu fallen. Manchmal wünsche ich mir weiße Haare, um Respekt zu bekommen, und wenn ich Auto fahre, möchte ich nicht beschimpft werden.«

»Hat je die US-amerikanische oder europäische Frauenbewegung Kontakt mit Ihnen aufgenommen?« Sie lacht. »Nie. Keine.« Dass sie lange gekämpft habe, sagt sie, dass sie müde werde. Und dann überraschend: Den Islam in Afghanistan, den könne man schon reformieren und liberalisieren. Die Kultur dagegen sei fester gefügt und unwandelbar. Als sie aufbricht, um sich in der Nacht von Kabul an das Steuer ihres Wagens zu setzen, ist klar, dass sie selbst in diesem unscheinbaren Moment nicht weniger als die Kultur des Landes schultert.

Die deutschsprachige Kultur besetzt in Kabul bloß enge Räume und nimmt im Germanistischen Institut der Universität Kabul einen weit kargeren Raum ein als die französische nebenan. An den Wänden hängen Plakate mit Bildern von Thomas Mann, Hannah Arendt, Gottfried Benn, Albert Einstein. In den spärlich bestückten Regalen aber fehlen die meisten ihrer Werke. Wenn hierhin die viel zitierte deutsche Hilfe für Bildung und Erziehung wandert, dann wandert sie vorbei.

Im Streitgespräch mit den Studenten glaubt kaum jemand an gute Zwecke auf Seiten der ausländischen Truppen. Nicht an Bush haben sie geglaubt, nicht an Obama. Ein Student erhebt sich: »Die Taliban bringen Zivilisten um. Ihr bringt Zivilisten um. Wo ist der Unterschied? Und sagen Sie mir: Warum habt ihr solche Angst vor uns?« Ein Zweiter fällt ein: »Ich kann es nicht mehr hören. Zu viel wurde uns versprochen, zu wenig ist geschehen. Was habt ihr erreicht? Was haben Sie erreicht?« Er zeigt mit dem Finger auf mich. Der Dozent erklärt ihm, ich sei nicht von der Bundeswehr. Er entschuldigt sich. Aber etwas bleibt. Er will wissen, was uns, was Deutschland dieser Krieg nütze. Ich erkläre, ich sähe nicht, wo jemand in Deutschland außer der Rüstungsindustrie Profite mache mit diesem Krieg. Ich erwähne die Leichen von Soldaten und Hilfsorganisationsmitarbeitern, die nach Deutschland heimkehren. Aber Schrecken malt sich in den Zügen der Studenten erst ab, als ich den Zustand vorwegnehme, in dem sich die Weltöffentlichkeit von Afghanistan abgekehrt und anderen Brennpunkten zugewandt haben wird. Das will sich niemand vorstellen.

Da ist es die Dozentin, die sich mit Vehemenz gegen das Plenum richtet und die Debatte wendet: »Wir klagen immer nur an, wir zeigen immer nur mit dem Finger auf die Ausländer, die Großmächte, das Militär, wir reden und reden, in Endlosschleifen. Doch lieber sollten wir uns selbst organisieren. Wir sehen pakistanische und indische Filme. Unseren Charakter bildet das nicht. Wir zeigen auf andere. Doch was tun wir? Wir trainieren unsere Körper, aber unseren Geist?« Der Junge mit dem »Army«-T-Shirt schweigt, der Junge mit dem »London-T-Shirt« schaut betroffen. Ihre Männerkörper verdanken sie den Bodybuilder-Studios mit ihren gelackten Körpern auf der Fassade. Und es ist wahr: »Könnt ihr weißes Pulver besorgen?«, haben sie uns gefragt. Gemeint waren Steroide.

Die Dozentin redet sich in Rage: »Wir müssen das Land selbst aufbauen. Ich hatte einen Freund, der tagsüber als Student lebte, nachts als Talib. Jetzt ist er tot. Dieser Weg führt für uns alle nicht weiter.« Der Erste, der sich zu antworten traut, ist desillusioniert: »Wenn die internationale Gemeinschaft es nicht schafft, wenn unser Parlament es nicht schafft, die Probleme Afghanistans zu lösen, wie sollen wir?« Er schaut verzweifelt in die Runde. »Ich habe einen Schriftsteller gewählt. Er zog ins Parlament ein. Gleich anschließend wurde er zusammengeschlagen. Er ging. Nun habe ich keine Stimme im Parlament. Wenn er es nicht schafft, wie soll ich es schaffen?«

Einer will wissen, was Afghanistan durch den deutschen Mauerfall lernen könne. Ein anderer fragt, welche positiven Veränderungen ich auf den Straßen Kabuls beobachtet habe. »Es gibt weniger Burkas«, sage ich, alle lächeln, »mehr Frauen am Steuer, die Rede ist freier, ihr habt Strom, der Warenfluss erreicht die Stadt. Doch wo geht er hin?« Sie zucken die Achseln. »Wenn der Regen schmutzig vom Himmel kommt, wird alles schmutzig«, antwortet einer der Studenten dann salomonisch.

Als wir uns zu einem Abschiedsfoto aufstellen, ergreifen die meisten der Mädchen die Flucht. Die Dozentin schimpft unermüdlich hinter ihnen her: »Ihr seid die wenigen Frauen hier. Ihr habt es geschafft und habt nicht einmal den Mut, euch fotografieren zu lassen? Ihr wollt moderne Afghaninnen sein? Schande!« Und in der Tat ist es eigentlich erstaunlich, sahen wir doch auf dem Campus geschminkte Studentinnen, solche mit Pfennigabsätzen und in engen Jeans.

Wo aber liegt die Welt, in der von diesem Campus geträumt wird? Wo haben die Lebensläufe dieser Akademikerinnen ihren Ursprung? Wir lassen die Stadt hinter uns, auf dem Weg zu einer Mädchenschule auf dem Lande. Auf den Bergrücken am Stadtrand von Kabul entstehen, in Terrassen gebaut, die neuen Stadtteile, Trabantenstädte, die sich die Namen von Kommandanten geben. Einige von ihnen möchten sich selbständig machen, nicht »Kabul« heißen. Sie erheben sich isoliert zwischen Feldern. Während die Schafe auf der abgehäuteten Fläche weiden, durchwühlen die Hirten die Müllcontainer.

Um die Läden und Märkte, die eigentlichen Verkehrskreuzungspunkte, organisiert sich das Leben in einer Art Ordnung. Der Rest ist Improvisation, und improvisiert ist auch der Verkehr. Ist eine Straße vierspurig, wird sie achtspurig befahren, aber die Spuren alternieren, und die Fahrzeuge schicken Botschaften in die Welt. Gemalt: Tiger und Löwe, die sich zur Versöhnung die Pranken reichen. Geschrieben: »We born to live. We live to love. We love to suffer. We suffer to die.«

Weiter draußen liegen die Nomadensiedlungen. Die Ziegeleien arbeiten, Baumaterial wird angeschafft und vertrieben. Das Holz wird noch meist aus Russland bezogen, zu schwach und teuer ist die afghanische Holzwirtschaft. Kontrollen überall. Ob man durch alle diese Sperren je Selbstmordattentäter gefasst habe, will ich von Nabil wissen. »O ja, viele.« »Sicher?« »Das Fernsehen zeigt es doch dauernd. Gerade wurde Sprengstoff in einer Waschmittelverpackung gefunden. In Bagram hat man acht Selbstmordattentäter verhaftet. Man hat sie getötet. Einen anderen hat Karsai in die Türkei geschickt zum Studieren. Er ist zurückgekommen und hat noch mehr Menschen umgebracht.«

Wo es früher eine Kultur der Dächer gab, Musik gespielt wurde und sich die Liebenden zum Essen versammelten, werden heute wieder Aprikosen, Weintrauben, Tomaten getrocknet. Auch Drachen zappeln im Spätsommerwind. Schon viele Kilometer vor der Schule sieht man die Kinder wieselflink daherkommen. Oft tragen die Mädchen lila Flipflops, Sandalen mit Riemchen, auch staubige Lackschuhe mit zerfetzten Absätzen. Denen, die barfuß kommen, zahlt die Schule im Winter Plastikschuhe.

Die Mädchen spazieren nicht, nein, mit raumgreifenden Schritten nehmen die Geschwister einander wechselseitig unter die Fittiche und stürmen über das Land. Oft wissen sie viel über Heilpflanzen, fahren auch das Viehfutter ein, organisieren die Feldarbeit. Einige von ihnen haben einen täglichen Schulweg von zwei Stunden – kein Wunder bei einer Schule für 22 Dörfer.

Auch die Schülerinnen werden, bevor sie die Schule betreten dürfen, »durchgefilzt«, wie Nadia es nennt. Die Lehrerin für die Jüngsten ist neunzehn, studiert parallel in Kabul Islamisches Recht und will einmal Staatsanwältin werden, um sich für die Rechte der Frauen einzusetzen. Ihr Bruder, ein Jahr älter als sie, bewarb sich zugleich mit ihr um einen Studienplatz. Genommen aber wurde nur sie, und der Bruder sagte: »Gut, dass du es bist, die es geschafft hat. Du hast es schwerer als Frau.«

Wenn die jüngsten Schülerinnen antworten sollen, führen sie die Hand an den Mund, winden sich, verbergen ihr Gesicht vor Scheu, sie selbst zu sein. Ihren Tagesablauf skizziert Suleima ernst. »Um vier Uhr stehe ich auf, bete, mache einen Arbeitsplan, kümmere mich um die Weintrauben, dann um den Haushalt, räume mein Zimmer auf, bereite das Frühstück zu und gehe zur Schule. Wenn ich heimkehre, wartet viel Arbeit auf mich, auch im Garten, auf dem Feld, auch mit dem Vieh, meine Hausaufgaben kann ich erst abends machen vor dem Schlafengehen.« »Und seht ihr die neue afghanische Castingshow?« Die Schülerinnen sagen, ja, »Afghan Star« haben sie schon mal gesehen, aber sie mögen es nicht. Dann lachen sie, denn sie glauben sich selbst nicht.

Fatima ist sechs Jahre alt. »Habt ihr Vieh?« »Ja, ein Huhn.« Die Älteste in dieser ersten Klasse ist elf Jahre alt und möchte Ärztin werden. »Keine Sängerin? Keine Schauspielerin?« »Nein, das sind unehrenhafte Berufe. Privat kann man das machen, aber ein Beruf ist das nicht.« Einige wünschen sich, eines Tages als Hebammen zu arbeiten. Eine findet, der beste Beruf sei Hirtin. Zehn wären gerne Zoodirektorin, aber als ich frage, wer schon einmal im Zoo war, hebt sich kein Finger, und das liebste Tier ist ihnen immer noch das Schaf. »Habt ihr Tiere zu Hause?«, frage ich ein Mädchen. »Ja, einen Jungen«, sagt sie, und die Klasse lacht minutenlang. »Und wann haben die Mäuse deine Zähne gefressen?«, fragt Nadia die mit den fehlenden Milchzähnen: Sie schlägt die Hand mit den lackierten Nägeln vor das Gesicht. Gerade war Eid, das Fest des Fastenbrechens, die Handteller sind mit Henna gefärbt. Andere mögen vor allem ihre Tauben und Brieftauben, und wenn sie je frei haben, liegen sie am liebsten in der Katzenschaukel. Das Wort »spielen« ist nicht allen geläufig. Die kleine Rubina kann immerhin zwei Spiele nennen: »Verstecken« und »Fangen«.

In der nächsten Klasse wird eben Mathematik unterrichtet. Die Lehrerin behauptet, die Kinder liebten den Unterricht. Und wirklich, alle kommen gerne an die Tafel und lesen vor, Silbe für Silbe, manche sind kaum hörbar. »Sag es mit fester Stimme«, ermuntert die Lehrerin, und es ist, als meinte sie damit die Rolle des Mädchens im Leben. Ihre eigene Rolle ist ja nicht anders. Es ist schwer, auf dem Land Lehrer zu finden. Die Bezahlung ist dürftig, und welche Frau in diesen Dörfern könnte schon Mathematik unterrichten? Die Unterstützung der Eltern bei den Hausaufgaben fehlt, die meisten sind Analphabeten. Umgekehrt gehen die Kinder nicht selten heim und geben ihr Wissen an die Eltern weiter, bringen ihnen das Schreiben bei, lesen ihnen aus der Zeitung vor oder erklären ihnen sogar, was diese oder jene Nachricht für sie persönlich bedeuten könnte. Die Kinder lieben den Unterricht, auch den Wettbewerb.

Ihr eigener Vater hat die Ausbildung der Lehrerin immer unterstützt. Er hat ihr gesagt: »Du musst das Niveau der Schule hochhalten. Das ist deine Aufgabe im Leben.« Probleme gab es nur, als man die Mädchen gemeinsam mit den Jungen unterrichten wollte. Aber als man sie trennte, schickten die Eltern die Kinder gern.

Im Rechenunterricht der ersten Klasse beweisen die Kinder, dass sie bis 78 zählen können. Bei 78 ist erst mal Schluss, aber sie ahnen schon die Freuden der Zahlenwelt jenseits der 78. Jetzt fährt die Lehrerin mit dem Lineal Ziffer für Ziffer ab. Die Klasse psalmodiert es mit. Ein Mädchen schielt, eines ist ein Nomadenkind und wird in einem Zelt verschwinden, eines sitzt ganz windschief, und erst als es an die Tafel geht, kann man sehen, dass es nur einen Arm unter dem Umhang hat. Sieben Jahre war Massouda alt, als sie den Arm bei einer Bombardierung verlor. Dass sie keinen Vater hat, sagt sie lächelnd, damit man ihrem Gesicht dabei nicht auf den Grund gehen kann. An ihr ist nun alles schief. Sie geht nicht nur schief, selbst ihr Lächeln ist schief.

Langsam, langsam entsteht unter den zögernden Fingern der Kleinen die Ziffer 75. Es sieht aus, als wage sie sich ins tiefe Wasser. Erst ein Haken, dann ein Kreis, ein Kästchen, mit dem Finger zählt sie die Sieben nach. »Grösser, damit alle es sehen können!«, ermuntert die Lehrerin. »Lauter, damit alle es hören können!« Sie spricht in Anweisungen, ohne didaktischen Aufwand mit eingestreutem Lob und mit Ermahnungen: »Fatima, nicht einschlafen! Man muss aufpassen im Unterricht. Sehr gut!« »Erkläre es mal für deine Klassenkameradinnen! Gut.«

Die Lehrerin ist nebenher nicht weniger als Seelsorgerin. Oft kommen die Kinder mit persönlichen Fragen. Sie sind traumatisiert, ihre Trauer und Verstörung zeigen sich bei den Mädchen in Unkonzentriertheit, bei den Jungen in Aggression. Immer fehlt etwas, der Vater fehlt, der Onkel, der Bruder, die Familie ist beschädigt.

Im Unterricht wechselt die Lehrerin zwischen Dari und Pashtu. Sie denkt sich didaktische Kniffe aus, ihr fehlen Lehrmittel, um den Frontalunterricht zu brechen. Heute nimmt sie Geldscheine heraus. Ja, die Kinder erkennen die Zahlen nicht nur an der Tafel, sie lesen sie auch vom Geld. Jetzt hebt die Lehrerin einen Geldschein nach dem anderen hoch. Die Klasse nennt im Chor die Summen. Es herrscht eine Atmosphäre des Ernstes und der Schüchternheit. Aus dem Klassenfenster blicken die Kinder in die Weite der grünen Landschaft. Aber davor liegt die Mauer, gekrönt von Nato-Draht, dahinter, auf der nächsten Sandkuppe, ein großes Zelt. Eben treiben Nomadenkinder zwei Kühe vorüber. Niemand blickt sie neidisch an.

Der Geschichtslehrer nimmt heute den Strom durch. Er sagt: »In hohen Gebäuden braucht man eine Rolltreppe, betrieben durch Strom. Auch für Licht und Computer benötigen wir Strom. Wir benutzen ihn seit König Habibullah, doch damals gab es nur neunzig Kilowatt in Dschalalabad. Heute ist Strom die wichtigste Energiequelle in Afghanistan. Ein andermal sage ich euch andere Energiequellen. Wer kann jetzt über die Wichtigkeit des Stroms sprechen?« Ein Mädchen meldet sich: »Im Namen Gottes, Strom ist die wichtigste Energiequelle Afghanistans. Sie existierte schon zu Zeiten König Habibullahs.« »Gab es sie für alle?« »Nein, nur für den König und seine Berater.« »Sag zwei elektronische Geräte!« »Rolltreppen und Computer.« »Gut. Eure Hausaufgabe: Sagt mir alles über die Bedeutung des Stroms.«

Immerhin, die meisten in der Klasse haben Strom und Beleuchtung dank der Solaranlagen. Selbst ein Wasserkraftwerk existiert in der Gegend. Auch dieser junge Lehrer mit seinem schwarzen Bart ist ein Idealist und versteht seine Bildungsarbeit als Beitrag zur Zukunft des Landes: »Ich bin daran interessiert, dass wir eine gute Regierung bekommen und einen guten Präsidenten.« »Und wenn es eine Präsidentin wäre?« Er antwortet ohne Zögern: »Warum nicht?«

In der höchsten Klasse sitzen nur vierzehn Mädchen. »Diese Mädchen«, sagt die Direktorin, »sind alle Heldinnen. Sie haben sich gegen die Väter und die Brüder durchgesetzt, sie sind von den Jungen auf dem Schulweg gehänselt worden, aber sie haben sich durchgesetzt.« Diese Mädchen haben seit elf Jahren keinen Sport gemacht, weil sie die Klassenzimmer nicht verlassen durften. »Sie waren einmal hundert Schülerinnen, und Sie sehen ja, heute sind sie noch vierzehn, und sie kamen auch deshalb durch, weil sie verschworen waren, sich immer gegenseitig halfen.« Sie mussten noch kämpfen, sie haben den Weg für die nachfolgenden bereitet und alle Arten von Einschüchterungen erlebt. Manchmal hatten die Väter und Onkel nur Angst vor den Gefahren des Schulwegs, vor den drohenden Vergewaltigungen, den Minen. Aber manchmal wollten die Alten sie auch bloß nicht gebildet sehen. »Wir haben die Eltern einbestellt wegen dieser Probleme«, sagt die Direktorin, »und Sie sehen ja, da sitzen sie, alle stark.«

Wie wird das Leben dieser »Heldinnen« nach dem Abitur weitergehen? Ein Mädchen sagt ernst und bestimmt: »Ich werde Ärztin, weil sie eine Klinik in dieser Gegend bauen, und ich weiß, es gibt hier keine Ärztin. Wir sind nicht fortschrittlich. Wir brauchen Bildung. Wir müssen uns selbst helfen können. Die Frauen sollen ihre Rechte bekommen.«

Doch wenn sie studieren wollen, müssen sie in Kabul wohnen. Aber das erlauben nur die Eltern von drei Mädchen. Den anderen wird nicht einmal das Internat erlaubt. Also müssten die Mädchen täglich hin und her fahren. »Habt ihr Angst vor Kabul?« »Nein«, sie lachen. »Hat sich die Lage verbessert?« »Schon, aber im Zentrum nicht.« »Was fehlt euch?« »Die Wirtschaftslage ist so schlecht.« »Wie nennt ihr die Lage heute: Krieg oder Frieden?« »Frieden.« »Wie lange schon?« »Seit etwa acht Jahren.« »Und daran kannst du dich erinnern?« »O ja«, sie schlägt die Augen nieder. »Könnt ihr euch ein Afghanistan ohne Ausländer vorstellen?« »Schon, aber nur, wenn wir in Bruderschaft miteinander leben. Es gibt so viel Uneinigkeit, so viele Waffen.« »Worüber würdet ihr mit Karsai reden, wenn er käme, um euch zu hören?« »Über den Frieden und die Frauenrechte.«

Der junge Lehrer mischt sich ein: »Karsai würde dies mit Schmerzen hören, aber er wird nie kommen, und wenn er käme, würde er nicht zuhören. Er soll weniger schlafen, weniger essen. Er soll mehr an unser Glück denken. Eines Tages wird er sich vor Gott verantworten müssen.« Und die Direktorin fällt ein: »Die Demokratie hängt nicht von Karsai ab. Sie hängt vom Wissen ab, von der Bildung, und wir haben so viele Gebildete, Kundige. Nur auf der Basis der Erziehung hat Demokratie ihren Sinn.«

Ja, diese Kinder sind früh politisiert, und sie nehmen ihre Fragen aus der unmittelbaren Erfahrung: »Was hat Karsai für uns getan? Wer baut die Straße? Warum ist sie für Parlamentarier gesperrt worden? Sind wir keine Menschen? Woher kommt das Wasser?« »Warum töten die Alliierten die Taliban und bekommen keine Strafe?« »Die Menschen sind nicht schlecht, die Lebensbedingungen sind es.« »Unsere größte Not ist unsere Uneinigkeit und unsere strategische Lage.« »Die Truppen töteten gerade 28 Menschen, darunter zwei Taliban. Der Rest wurde hinterher zu Taliban umdeklariert.« Sie wissen auch das.

Und ich denke an die jungen Studentinnen, die vor dem Fotografieren lieber den Raum verließen, an die kämpferische Dozentin, an die Verfassungsrichterin, die ich ehemals traf und die durchsetzte, dass in die Verfassung der Satz aufgenommen wurde »Vor dem Gesetz sind alle Menschen gleich, und das gilt auch für Frauen«, an Homeira Qaderi und ihren Kampf und ihre Theorie von der Unwandelbarkeit der Kultur, und nun bin ich wieder da, wo sich diese Kultur manifestiert, in einem Ältestenrat auf dem Land.

Eine Lehrerin hatte gesagt, sie erziehe vor allem die alten Männer, damit sie es weitergäben und ihre Autorität sprechen ließen. Sie berät die Alten selbst in Fragen der Familienplanung. Mit den Jungen allerdings sei es einfacher. Die Älteren dagegen hätten manchmal zehn Kinder und wollten immer noch nicht aufhören. Es gibt so viele Problemfelder.

Wieder sitzen wir da auf dem mit Teppichen ausgelegten Boden und essen, die alten Graubärte mit ihren alttestamentlichen Gesichtern unter den weißen Käppis. Der Blick geht auf die Weinreben, die nicht am Stock hochgezogen werden, sondern als Busch wachsen, mit Früchten, die nicht gekeltert, nur getrocknet und zu Rosinen verarbeitet werden dürfen. Wir essen Kebab, Reis, Maulbeeren, Pistazienpudding, und diese Männer sind es, die ihre schützende Hand über die Schule halten, die den Unterricht fördern und auch ihre eigenen Mädchen schicken.

Der alte Gastgeber sagt: »Dieses Haus haben mehr Kugeln getroffen als Blätter sind an den Bäumen da draußen. Zweimal hat man uns ganz zusammengeschossen. Zweimal haben wir alles wieder aufgebaut. Euer Land ist schöner. Ich habe es heil gesehen auf Bildern. Wir aber haben dreißig Jahre Krieg hinter uns.« Er lässt seinen Blick durch die Runde gehen. »Sieh dich doch mal um«, er zeigt mit dem Finger, »der da war ein Krieger, der auch, mit dem da habe ich selbst gekämpft, sieh dir sein Auge an (er trägt ein blaues Glasauge in seinem braunen Gesicht, denn es gab gerade kein braunes), den da kenne ich nicht (er zeigt misstrauisch auf unseren Fahrer, vermutet einen Massoud-Anhänger in ihm). Wir waren 25 Mudschaheddin, heute sind wir noch zwei, und immer noch werde ich alles verteidigen, was meine Ehre ausmacht: meine Frau, meine Familie, mein Haus, mein Land hier. Wir haben gearbeitet und doch kein Korn Reis gegessen, so viel wurde da draußen geschossen.«

»Aber Sie setzen Hoffnung auf die Jugend?« »Ach, sie haben doch nur Waffen gesehen. Die Regierung gibt ihnen keine Ausbildung, keine Arbeit. Aus Not habe ich meinen Sohn nach Indien geschickt zum Studieren. Ob er wirklich studiert? Ich weiß es nicht. Man sieht hier kleine Kinder, die sich ein Stück Holz schnappen und damit schießen. Es ist schrecklich. So verarbeiten sie den Krieg. Aus Pakistan kommen Kalaschnikows aus rosa Plastik ins Land. Sie sehen wie Spielzeug aus, doch die Kinder schießen damit, und man kann sein Auge verlieren.« Der mit dem Glasauge lacht. »Meine Tochter ist auf dem einen Auge erblindet von diesem Spielzeug. Der Krieg ist ein Geschäft mit vielen Gesichtern.«

Und gleich sprechen auch sie von dem afghanischen, dem pakistanischen, dem amerikanischen Talib: »Es gibt den, der Geld nimmt, und den, der einfach so rumschießt. Es gibt den, der tags für die Amerikaner als Übersetzer arbeitet und nach Einbruch der Dunkelheit Talib ist. Es gibt alles. Nur frage ich: Wo sind denn die Überzeugungen? Was ist noch ernst?« Ein anderer fällt ein: »Und denken Sie: Es passiert jetzt so viel, und wir erfahren so wenig. Wer hat Osama getötet? Ist er tot? Wie bilden wir unsere Meinung? Ach, wir sind alle misstrauisch geworden.«

»Und welches waren Ihre glücklichen Jahre?« »Das war Afghanistan während der Königszeit, vor dem Einmarsch der Russen. Wenn damals auf einem Weg ein Kind starb, wollte niemand mehr diesen Weg gehen. Heute liegen Tote am Wege, und die Leute gehen einfach weiter. Die Toten sind normal geworden.«

Sie gehen in den Nebenraum zum Gebet. Die Mücken sirren in den nur noch hauchdünn fallenden Regen. Im Durchgang zu der Tee trinkenden Gesellschaft beten sie mit dem Gesicht zur Wand, die Stirn immer wieder gegen den Boden führend. Die Fliegen kreisen, in den Gewändern sitzen die Flecken der Suppe, des Tees, des Regens. Sie bringen mir einen gestickten Mantel aus Herat. Mein Blick geht in die Runde. Jeder hat seine Geschichte erzählt, der mit dem Auge, der alte Kämpfer, der Dorfälteste, der Pashtunen-Fahrer. Nach dem Essen bietet der Gastgeber Schmerzmittel an, und die Gäste wundern sich, wenn jemand nicht zugreift.

Wir machen uns auf ins Panshir-Tal, den berühmten Rückzugsort des Kommandanten Massoud, des Führers der Nordallianz im Kampf gegen die Taliban, dessen Bild man überall in Afghanistan begegnet. Ein Hoffnungsträger sei er gewesen, der das Land hätte retten können, sagen die einen. Ein Kommandant sei er gewesen wie andere, nur charismatischer, und viele Fehler habe auch er gemacht, sagen die anderen.

Und wieder sind wir auf der Straße, zwischen den

Kindern mit ihren galoppierenden Eselsgespannen, den Nomaden mit ihren dünnen staubigen Schafsherden, den uralten Greisen am Steuer des dahinrasenden Toyota Corolla, den Lastwagen mit den sich schnäbelnden Tauben, mit dem Emblem eines Dolches durch das Herz oder der Aufschrift »Jesuitenquelle« – vorbei an den grün beflaggten Märtyrer-Gräbern, dem geplünderten Panzerfriedhof, dessen Eisen man nach Pakistan verkaufte, den Plakaten mit durchgestrichenem Mohn oder auch dem lokalen Gesundheitsministerium, das über die gesamte Länge der Fassade einen »Pepsi«-Schriftzug trägt, unterbrochen nur von der Botschaft, »es ist gut, wenn die kleinen Kinder Muttermilch bekommen«, gefolgt von »Trink Pepsi«. Also, was nun?

Unser Fahrer Nabil hat ehemals unter Kommandant Massoud, der zwei Tage vor dem 11. September 2001 einem Taliban-Attentat zum Opfer fiel, Nägel auf die Straße geschüttet, um die Verfolger abzuschütteln. Er nennt Massoud nicht beim Namen. Aus Respekt spricht er immer nur vom »Herrn Direktor«. Nabil erzählt eine Geschichte von zweien, die im Panshir schwimmen wollten, der eine rutscht aus, der andere will ihn retten, sie gehen beide unter und ertrinken, die Leiche des einen aber verkeilt sich am Grund des Flusses unter einem Felsen so, dass man eine Personenmine befestigen und den Felsen sprengen muss. Die Leichenteile werden eingesammelt und bestattet. Alles kann man bergen, bis auf den Kopf und ein Bein.

Vor einem Gastraum bremst Nabil ab und ruft ins Innere: »Habt ihr einen Platz für Frauen und heißes Wasser?« »Beides.« Wir hocken uns hin. Der Wirt löst sich von der hinteren Wand und begrüßt seine Gäste, fragt, von wo ich angereist sei. »Deutschland.« Er sieht mein unbeholfenes Kauern. »Die Deutschen hocken nicht so gut.« Ein anderer tritt hinzu, bemerkt fachmännisch: »Man kann es ihnen nicht verübeln. Sie hocken nicht seit Kindertagen und haben eine verkürzte Wadenmuskulatur.« Der Wirt sieht auf mich herab, ich hocke: »Du siehst aus wie ein Afghane. Jetzt bekenne dich zum richtigen Glauben.« »Was soll denn Gott von mir denken, wenn ich, nur weil ich in dein Café gekommen bin, abschwöre?« »Aber«, wendet er ein, »es gibt doch nur einen Gott.« »Warum soll ich dann abschwören?« Ein anderer Mann mischt sich ein: »Wir glauben immer, ob es regnet oder nicht. Ihr seid wählerischer.« Ein dritter kommt. »Ihr geht doch immer auf die Knie vor einem, der da so hängt.« Er macht es nach. »Das ist doch schon komisch, oder? So da zu hängen und ihr kniet.« »Aber für euch«, wende ich ein, »ist dieser Jesus doch immerhin ein Prophet.« Sie zögern. »Stimmt«, sagt der Gastgeber dann. »Verzeih mir. Ich werde dir tausend Jahre dienen. Ich wollte dich nicht kränken.«

Wieder draußen, inhalieren wir den Duft des Regens, der auf die sonnenverbrannte Erde fällt, und passieren die Straßensperre am Eingang zum Panshir-Tal. Die Panshiri lassen keine anderen Ethnien zu. Deshalb gibt es auch keine Taliban in diesem Tal, vielmehr wurden sie hier ehemals als Gefangene gehalten. »Kann man in den Bergen überleben?« »Nein, das ist unmöglich. Wasser gibt es überall, aber du musst Mehl mitnehmen, damit kann man Brot backen in den öffentlichen Öfen, die sich hier überall finden.« »Oder man jagt Fasanen, ganz hoch oben Leoparden, und in manchen Tälern wird man sogar auf Rehe treffen.« Außerdem lebt in diesen Bergen noch ein Tier, dessen Name gerade keinem einfällt, es ist fett, hat fast keine Knochen, ist gut gegen Rheuma und wird mit der Kalaschnikow gejagt.

Die Schlucht ist hier so eng, dass Massoud im Krieg die Felsen sprengen ließ, um jeden Zugang zu versperren für die Verfolger, die Taliban. Heute liegen hier an der einsamen Bergstraße nur zwei Restaurants einander gegenüber und bekämpfen sich wechselseitig mit ihrer Musik.

Nabil, der aus diesem Tal kommt, erzählt die Geschichte jeder neuen Schlucht, rekapituliert jede Katastrophe. Es ist ein karges Leben, das die Menschen hier führen. Der Boden ist arm, er ernährt nicht viele, die Felder werden den Bergen abgetrotzt, den Fluss hat man eingedämmt, um Land zu gewinnen. Doch überall fehlt Arbeit. Die Jugend geht in die Stadt. Trotzdem ließ die Regierung ein riesiges Stadion bauen für Fußball, Basketball, Reiterturniere und hofft auf Prozente beim Eintritt. Doch niemand ringsum wird sich den Eintritt leisten können.

Die Jungen fischen mit Netzen im Fluss, die Kinder binden sich leere Plastikflaschen um den Bauch und schwimmen oder sie treiben in der reißenden Strömung in Lastwagenschläuchen vorbei. Auf einem Teppich am äußersten Ende eines Felsvorsprungs betet ein Junge gen Mekka. Auch sitzen die Apfel- und Pfirsichverkäufer in ihren Schubkarren am Straßenrand. Manche schlafen, gleich an ihrer kleinen Früchtehalde, geschmiegt in die Schubkarre.

Die Straße am anderen Ufer führt bis nach China. Hier folgen Dörfer, in denen zur Taliban-Zeit Flüchtlinge lebten. Der Fluss fächert sich auf, auf den Inseln liegt Weideland mit Panzerschrott. Auch in diese Idylle drang im letzten Jahr ein Selbstmordattentäter ein. Sein Wagen explodierte. Der Mann starb. Seine beiden Komplizen hat man erschossen. Die Motive für ihre Tat kennt man nicht, weil man sie erschoss, bevor man sie befragen konnte.

Wir kommen hoch über dem Tal am Ziel unserer Reise an, dem Grabmal für Massoud, einem Rundtempelbau, mit lapislazuliverzierter Kuppel. Nahebei stehen die Panzer, mit denen man seine Leiche in dieses Tal brachte, »The Chief of Martyrdom Hill« steht auf einem Schild. Unter Glas hat man Sand aus dem Panshir-Tal, aus den Bergen seiner Heimat gesammelt. Die Inschrift dabei liest sich: »Am 2.9.1953 sind seine reine Seele und sein Körper auf Gottes Befehl auf der Erde erschienen. Am 9.9.2001 gegen Mittag hat er den Märtyrerbecher getrunken und stieg zum Himmel hinauf.«

Ein paar seiner Männer sind gekommen, um zu trauern. Verwildert sehen sie aus und tief ergriffen. Wir sitzen zusammen bei Massouds Grab auf einer Brüstung über dem Tal. »Und«, frage ich, »habt ihr Angst vor 2014, wenn die Alliierten abziehen, oder Hoffnung?« Der rothaarige Kämpfer erwidert: »Weder noch. Wir haben keine Angst. Wir haben immer gekämpft, immer gelitten. Unsere Nachbarn sind uns nicht wohl gesonnen, fremde Truppen kämpfen gegen uns. Ich hoffe auf die Ewigkeit unseres Landes. Dafür bete ich jeden Tag.« Ein anderer fügt hinzu: »Unsere Kritik trifft die USA. Sie haben schlechte Leute gefördert und an die Macht gebracht. Sie wollen unsere Einheit nicht. Wozu brauchen wir Milizen oder Sicherheitsfirmen, wenn wir unsere Polizei, unser Militär haben? Wir haben immer gebetet, man möge unsere Polizei stärken. Was haben sie gemacht: Sicherheitsfirmen installiert, die eng mit den USA zusammenarbeiten. Sie gefährden den Frieden, verbreiten Angst und manche von ihnen arbeiten nachts für die Taliban.« Ein Dritter präsentiert sein Gewehr. »Wir bekommen die schlechten Waffen, damit die USA sagen können, die Afghanen schaffen es nicht. Wir haben untaugliche bulgarische Kalaschnikows, die zu schnell heiß laufen, dauernd versagen und jeden gefährden, der damit schießt.«

Ich schaue in die Runde dieser Kriegergesichter, auf die Arme mit den selbst gestochenen Tätowierungen, die ehemals unerwünscht waren, denn auch Tätowierungen sind Bilder. Nabil hat die seinen mit der Zigarette entfernt. Eine aber ließ sich auf diese Weise nur verwischen. Einer der Krieger bemerkt: »Die Soldaten, die den Koran verbrannt haben, sind heute verurteilt worden.« »Welche Strafe sollen sie kriegen?« Unter den Männern gehen die Meinungen auseinander. Einer sagt: »Zum Tode müsste man sie verurteilen!« »Nein, man soll sie nicht töten«, meint Nabil. »Wir sind müde. Es ist genug Blut geflossen. Sie sollen die Straße fegen bis nach Kundus. Danach gehören sie ins Gefängnis.«

Dann geht er, Massouds treuer Fußsoldat, und fotografiert hockend, lange und geduldig eine schwankende Gebirgsblume auf einem Stein. Da ist sie wieder, diese Situation, in der die martialischen Männer abrupt zart werden. Dann steht Nabil auf und sagt: »Ich bin froh, dass du gekommen bist, um zu sehen, dass wir nicht alle Mörder sind. Immerhin gibt es Gegenden, in denen Krieg geführt wird, und trotzdem gehen die Kinder in die Schule, die Mädchen lernen schreiben und lesen, und die Lehrer lassen den Unterricht nicht ausfallen.«

Dann wendet er sich noch einmal der Blume zu und fotografiert sie aus einer anderen Perspektive.

Kinshasa

»Worst city in the world, multiplied by ten«, hatte ein australischer Kollege ergänzt, und jetzt agierte selbst die Stewardess, als müsse sie das Luftbild der Stadt vor Paparazzi schützen?

Vergessen Sie die Romantik von »Gorillas im Nebel«, die Euphorie des »Rumble in the Jungle«, die Hoffnung des Friedensabkommens von Lusaka. Die Gorillas wurden im Krieg gemetzelt, aus ihren ausgehöhlten Beinen hat man Aschenbecher gefertigt, und ihre Innereien trocknen auf Wochenmärkten als medizinische Wundermittel. Das Stadion, in dem Muhammad Ali George Foreman ausknockte, ist eine verfallene Schönheit, das von der Luftfeuchtigkeit zersetzt wird mit Hilfe von Pilzen und Flechten. Das Abkommen, ach, es erinnert an ein paar hoffnungsvolle Jahre, als dem unter dem Kolonialismus zusammenbrechenden Land für ganz kurze Zeit Träume geschenkt wurden, die mit der Ermordung des Freiheitskämpfers und ersten Präsidenten Lumumba ausgeträumt waren.

Nein, der Kongo, das ist traurigste subsaharische Geschichte. Erwarten Sie nicht Gesetz und Ordnung, erwarten Sie Selbstjustiz und Anarchisten, Rebellen, Wilderer, Kindersoldaten, Besatzer, Stammesrivalen, Kleinkriminelle, Paten in einer seit Jahren umkämpften Stadt.

Erwarten Sie das Gesetz der Straße mit Minenopfern und Überlebenden jahrelanger Folter, gebrochenen Häftlingen und Verwirrten, das ganze Spektrum an menschlichem Strandgut und Verlierern der Geschichte, ein Land mit achtzig Prozent Arbeitslosigkeit, weitverbreiteter Unterernährung, Medikamentenknappheit, die Heimat des Ebola-Virus.

Sehen Sie sich die Menschen an, die morgens wie Dolden aus den Abteilfenstern der Vorstadtzüge quellen, oder jene, die auf den Dächern dieser Züge während der Fahrt auf und ab gehen, Geschäfte machen, tauschen, Karten spielen, während der Zug langsam durch den Speckgürtel von Kinshasa zieht. Lassen Sie keines dieser tausend Schicksale, das Ihnen zwischen zwei Lidschlägen zu Augen kommt, unbeachtet und fühlen Sie mit! Ach, vergessen Sie es, so langsam wie Sie sind und so sentimental!

Die Packer an den Förderbändern wuchten mit heraushängenden Uniformhemden Polstermöbel herunter, eingeschweißt in kilometerlange Bahnen Noppenfolie, unter denen rosa Floraldessins wie Eisblumen wuchern. Nach einer langen Reise von einer billigen Produktionsstätte irgendwo auf der Welt sind diese Sessel endlich im Kongo angekommen. Doch auf der anderen Seite der Halle reisen im gleichen Augenblick ganz ähnliche Sessel wieder ab, gefertigt an den Straßen von Kinshasa. Die Packer stehen zwischen den Bändern, regeln diese Kreuzung des sinnlosen Warenverkehrs und folgen immer noch jedem Fernsehsessel mit einem Blick, lang genug, als wollten sie das ferne Wohnzimmer erkennen, in dem die Heimat mehr als ein Sitzmöbel ist.

Als eine Folge der blutigen Kolonialgeschichte und ihrer Fortsetzung in der Politik des Welthandels mit den subsaharischen Ländern vollzieht sich hier die langsame Umkehr des Rassismus. Man hat begonnen, die Weißen zu hassen, man schikaniert sie, unterwirft sie immer neuen Autoritäten, lässt an der Grenze ihre Pässe stundenlang verschwinden oder nur mit Geld wieder auslösen.

Mein Pass wird vom Grenzbeamten dreimal wie absichtslos zu Boden geworfen. Jedes Mal lässt er ihn sich neuerlich reichen, um ihn dann ganz unten in den Stapel der Dokumente wieder einzuordnen. Wer als Weißer unter diesen Umständen trotzdem noch im Lande ist, hat meist altruistische Gründe, ja, am Ende sogar ein gewisses Verständnis für solche Formen blinder, später Revanche. Doch selbst all dies mühsam erworbene Verständnis, die Duldermiene im Ausdruck der Weißen, findet man hier zum Kotzen.

Am Schlagbaum des Informationsministeriums wachen ein paar halbwüchsige Kindersoldaten. Man hat ihnen ein Gewehr in die Hand gedrückt und gesagt: Geht und verteidigt euer Land. Erst haben sie sich an irgendeiner Front bewährt, jetzt dürfen sie mit grimmiger Landsermiene das Hauptquartier der Propaganda bewachen. Jeder von ihnen kennt das Töten. Wenn ihnen ein Missgeschick passiert und jemand irrtümlich ermordet wird, pflegt Präsident Kabila zu sagen: Sie sind noch so jung. Was kann ich für ihren Übermut?

Im zehnten Stock des Ministeriums, hat man uns gesagt, werden Sie Ihr Dokument bekommen. Vor dem Fahrstuhl im Parterre schleppt ein Arbeiter auf seinem Rücken immer neue Zementsäcke heran.

»Sie bauen?«, frage ich einen Beamten.

Der beugt sich hinunter und öffnet einen Riss in der Verpackung mit zwei Fingern: »Nein«, antwortet er. »Sehen Sie hier, es ist Geld, unser Gehalt, zahlbar in Cent.«

Das Geld reist mit im Aufzug. Aber auf jedem Stockwerk öffnen sich die Türen ins Dunkel. Menschen steigen aus und verschwinden in völliger Finsternis, das Geld geht denselben Weg. Kein Laut ist zu hören, nicht mal ein Telefon.

Auf der Suche nach Europa

Im Wasser unter der abendlichen Brücke zitterten nebeneinander die Lichter Asiens und Europas. Alle Kontinente tragen weibliche Namen, damit wir sie leichter lieben können. Aber wenn wir sie lieben sollen, müssen sie dann nicht gefährdet, schwach oder bedürftig sein? Ich stand in der Mitte über dem Bosporus und hatte Europa vor mir, Europa mit seinen Minaretten und Moscheen, Asien in meinem Rücken, mit arkadischen Hügeln voller Villen und Gärten. Verkehrte Welt?

Ich war auf der Suche nach Europa, nach Gedanken, Bildern, Stimmungen und Stimmen, die seine Idee und seine Wirklichkeit beschrieben. Wo zeigte es sich, wo war es fassbar? Ich spazierte hinauf bis zum Taksim-Platz. Die Straßensperren standen noch, Polizeieinheiten wachten im Schatten der Mauern. Vor Wochen war hier Blut geflossen, und vor Monaten hatte ein Grünen-Abgeordneter im Deutschen Bundestag gesagt, auch für die Werte der Europäischen Union werde hier gestorben. Gibt es europäische Werte? Und ein anderer Parlamentsredner hatte gerufen: »Letztendlich sind die Demonstrationen ein Schrei nach Europa.« »Schreit ihr«, frage ich in ein Grüppchen aus Demonstranten hinein, »nach Europa?« Sie finden die Frage schnöselig und erwidern: »Europa kann warten, wir haben andere Probleme!«

In den nächsten Wochen sollte ich diese Antwort dreimal zu hören bekommen, aber mit drei unterschiedlichen Begründungen: das erste Mal in Budapest. Dort traf ich einen Angehörigen der Roma, der von seiner Mutter noch in einer Erdhöhle zur Welt gebracht worden war. Er beklagte sich über unseren Balkan-Kitsch, samt offenem Feuer, gerafften Röcken und »Zigeuner-Romantik«. »In Wirklichkeit sind wir Sinti wie die Wanderarbeiter Afrikas, wir leben in Ghettos, wir sind die Dritte Welt Europas! Nehmt uns erst einmal das Elend und die Diskriminierung, dann reden wir über Europa!«

Das zweite Mal war es in Lissabon eine Vertreterin des »neuen Fado«. Sie setzte der Weltschmerz-Folklore des portugiesischen Lebensgefühls etwas Soziales entgegen: »Wir empfinden wirklich Melancholie oder besser, Erkenntnistrauer. Das ist etwas anderes als Spaß für alle! Unsere Trauer bezieht sich auf unseren Niedergang. ›Oh, Glanz von Portugal‹ heißt es in unserer Hymne. Was ist davon übrig? Und wir werden nicht einmal aggressiv, phlegmatisch sind wir und nostalgisch. Das ist Saudade heute. Europa ist fern!« Und doch so nah, wollte ich fast sagen, schon an der Algarve, wo der europäische Tourismus seine Farben verteilt, verflüchtigt sich auch der Weltschmerz. Hier erwartete mich direkt über der Atlantikbrandung eine Imbissbude mit der Aufschrift »Die letzte Bratwurst vor Amerika«. Hinter der Theke lächelte ein Foto von Wieland Backes aus der Kulisse seiner Talkshow »Nachtcafé«. Europa war unausweichlich.

Der dritte Europa-Fatalist war ein bretonischer Restaurantbesitzer. Schon Paris, meinte er, sei doch ein Land, das vom Volk nichts wisse. Dieses Volk lebe in der immer schon verachteten Provinz und erhebe sich gerade gegen den Ausverkauf nationaler Werte an die USA, an die Weltwirtschaft, an Europa. Es sei alles dasselbe. Als ich aber einwarf: »Es war Charles de Gaulle, der vom ›Europa der Vaterländer‹ sprach«, fühlte er sich bestätigt: »Wo sehen Sie denn hier noch Vaterland?« »In Ihrer Küche«, erwiderte ich. Er lachte und ließ es gelten.

An diesen Mann musste ich denken, als ich wieder durch die Straßen von Paris ging. Was hat diese Stadt nicht alles geprägt, das Monarchische wie das Republikanische, die Mode und das Essen, die aufklärerische Vernunft und das intelligente Kino, ja, selbst das Schwarz der Orchestermusiker geht auf die postrevolutionären Franzosen zurück, und die Nationalversammlung hat auch die europäischen Parlamente geprägt, bis in die Anordnung der Fraktionen nach Links und Rechts. Es ist alles noch da. Die Kunst besitzt hier Autorität, unterliegt nicht allein der »Wettbewerbsfähigkeit«, und die großen Gesten der Nation sind immer noch kulturelle.

Auch haben Frankreichs Intellektuelle immer wieder europäisch geträumt: 1851 hielt Victor Hugo vor der Nationalversammlung eine leidenschaftliche, wenn auch verhöhnte Rede für die Einheit Europas. Paul Valéry sprach vom »Homo Europaeus«, André Gide von der europäischen Integration. Doch heute fühlen sich auch hier die Geistesarbeiter und Künstler eher einer Szene zugehörig als einer Region und suchen die Selbstbewahrung vor dem rabiaten Interessenverband, der Freihandelszone, die auch »Europa« heißen. »Wir wollten etwas

Größeres«, hat Wim Wenders angesichts all der Konzentration auf technische und wirtschaftliche Aspekte in Europa geklagt.

Dieses »Größere« hätte eine gemeinsame Idee sein können. Doch sind die Europäer diesem gesamten Kontinent, seinen Kulturen und Geschichten, zugewandt genug? Kennen sie, lieben sie, was das »Europäische« als Ganzes ausmacht? Europa führt einen Wahlkampf der Floskeln und Begriffe, die kaum verhüllen, dass die Idee der europäischen Union im Ökonomischen wurzelte. Wo aber entwickelte sie sich zu mehr?

Lange war man sich vor allem auf Schlachtfeldern begegnet, dann auf Truppenübungsplätzen, an touristischen Ballungsorten, auf politischen Gipfeln, in Sportarenen, auf europäischen Sangesbühnen. Man begutachtete Maroten, kultivierte Eigensinn, und die nationalen Vorurteile waren so luftig und so poetisch wie Tratsch. An ihnen erfreuten sich die Europäer oft mehr als am Einheitsstreben, und wir Deutschen bewunderten heimlich, was immer sich der Effizienz verweigerte: das Dolce far niente, das Laisser-faire, die Mañana-Mentalität, für die wir nicht einmal Worte haben.

Als ich losreiste, um Europa zu suchen, sah ich es vor allem in zwei Formen vor mir: als Land der Sehnsucht jener in der Ferne, die hier ihr Glück suchen wollen, oder als Kontinent des Heimwehs der Exilierten. Wo aber sollte sich dieses Europa materialisieren, wo fassbar sein? Die Reise war lang, die Vielfalt der Szenen, der Kulturen, der Begegnungen erstaunlich, und doch öffnete sich am Ende wirklich ein begrünter Platz vor einer Berglandschaft, und ich dachte: Hier! Das ist seine Idee! Das ist Europa!

Doch wie gesagt, es sollte eine lange Reise sein bis zu diesem Platz. Zunächst sitze ich in der »Dolce Vita Drink Bar« in Krakau. Im Radio singt eine Frau wie unter starker Migräne, und draußen konkurrieren beim »City Sightseeing« das Auschwitz Museum und das Wieliczka Salzbergwerk, eine Wunde und ein Weltkulturdenkmal. Gespalten steht das Land auch vor Europa. Polen, lange eine reine Agrargesellschaft, gehörte 1945 zu den Siegern und sah für Jahrzehnte nicht danach aus. Die größten Nachbarn hatten das Land schon betrogen, überfallen, ausgebeutet. Den Vereinigten Staaten von Amerika beizutreten wäre manchem hier leichter gefallen als denen von Europa.

Ein heißer Frühlingstag. Wer jetzt noch Hand in Hand schlendert, liebt wirklich. Ein Rom und sein Sohn spielen »Petit Fleur« für Akkordeon und Klarinette, dreimal in Folge. Dann geht ihnen der Atem aus. Die Fliegen schlafen auf dem Salat der Touristen ein, und die Tauben flattern nur noch bis zum Sockel des Kopernikus-Denkmals. Ein Wagen mit der deutschen Aufschrift »Schwangerschaftselektronik« kommt vorbei. Ob es einen europäischen Traum gebe, frage ich den Mann neben mir. Seine Brauen zucken: »Unsere harte Zeit braucht Gefühle. Wenn ein Pole ›Romantik‹ sagt, glauben Sie mir, er weiß, wovon er redet.« »Europa bedeutet für Sie Romantik?« »Die Menschen müssen träumen. Je härter es wird, sie müssen träumen.« »Gewiss«, sage ich. Er nimmt »Europa« nicht mal in den Mund.

Dieses Europa aber, das ist auch hier vor allem die Anwesenheit von Geschichte, Patina im Lebensraum, Erinnerung. So war Krakau über Jahrhunderte partnerschaftlich dem heute ukrainischen Lviv verbunden, dem alten Lemberg. »Waren Sie je dort?«, frage ich. »Das ist nicht weit genug weg«, erwidert der Träumer, als wolle er Europa als Ganzes hinter sich lassen, und ich erinnere mich, wie ich in der Pracht der alteuropäischen Mauern von Lviv eine öffentliche Bühne gefunden hatte, beschallt von Tanzmusik. Doch niemand tanzte. Die Bühne gehörte allein einem Auto und dem Slogan »The Great Western Experience«. So gesehen hätte ich dem polnischen Träumer in seinem Fernweh vielleicht sagen müssen, Europa dehne sich längst bis in die USA?

Das brachte mich auf den ungarischen Schriftsteller Péter Nádas, mit dem ich auf einem Podium in Warschau gestritten hatte, weil ich die Existenz einer intakten gesamteuropäischen Öffentlichkeit leugnete. Gewiss, nach dem Krieg erhielten Zeitungen und Zeitschriften ihre Lizenzen nur, wenn sie übernational berichteten. Heute aber verschwinden europäische Filme und Bücher aus den Kinos und Buchläden, kein europäisches Land ist dem anderen kulturell so nah wie ganz Europa den Vereinigten Staaten, und selbst Jean-Claude Juncker bemerkte unlängst: »Das eigentliche Problem ist, dass wir Ignoranten sind.« Wir wissen einfach zu wenig voneinander.

Nádas aber, der stille Mann, verlor die Contenance und eiferte im Sinne seines europäischen Traums, den er so gerne vor der Marktwirtschaft gerettet hätte. Doch so sympathisch die Verteidigung einer Identität der Vielfalt auch ist, wir kennen keine portugiesische Soap, keine schwedische Comedy, aus den Kinos zieht sich der europäische Film zurück, und die Massenmedien haben sich aus Quotengründen vom Ideal eines echten Kulturaustauschs weitgehend verabschiedet. Im Fernsehen, auf dem Buch- und auf dem Musikmarkt bestehen wir also nicht auf Europa.

Zurück bleibt Befangenheit, wenn nicht Scham vor dem Regionalen. Man hört im Radio keinen Fado, keinen Dudelsack. Das genuin Europäische wird behandelt wie eine Heimatidylle. Das mag für die Deutschen und ihre belastete Heimattradition plausibel sein, deshalb ist man hier selbst auf dem Dorf urban, aber anderswo? Kennt Europa Stammeskulturen?

Gerade die alpenländische Region ist so abweichend strukturiert mit ihrer Patchworkkultur. Sie ist Transitland. Die unterschiedlichsten Lebensweisen und Temperamente treffen hier seit Jahrhunderten aufeinander. Schroff sind die Grenzen der Sprachräume: durch hohe Berge voneinander isoliert, durch Pässe miteinander verbunden. Hier, wo seit Jahrhunderten Händler und Waren, Sprachen und Kulturen vorbeiziehen, liegt der letzte mitteleuropäische Urwald, und die Talschaften, nur wenige Kilometer voneinander entfernt, unterhalten oft keine Verbindung.

Während das Hochgebirge für Deutschland, Italien und Frankreich nur eine marginale geographische Randerscheinung darstellt, sind die Alpen für die Schweiz und Österreich Inbegriff ihrer selbst. Von den slowenischen

Karawanken im Osten bis nach Marseille im Westen entfalteten sich starke, stille Kulturen, die die alpinen Klischees verneinen. Diese Alpentäler sind Freidenker-Heimat, volksmusikalisches Klanglabor und geprägt von Milieus, deren Verschrobenheiten und individuellen Profile wir kaum kennen.

Als ich vom Schweizer Musiker Christian Zehnder wissen will, welche Bedeutung seine traditionsbewusste Versenkung im globalisierten Europa noch habe, geht er zurück auf Naturklänge: »Tönen die Alpen? Ja, im Krachen des Donners, im Tosen des Wildbachs, im Bimmeln von Viehglocken, im Sirren von Insekten, in den summenden Gebeten, dem Rufen des Alpsegens, den uralten Liedern, die von der Einsamkeit der Bergwelt erzählen.« Sie existieren, sind nur aus Deutschland fast völlig verschwunden und haben der sterilen »Volksmusik« Platz gemacht – auch ein Beispiel dafür, wie dicht Leben und Sterben europäischer Kulturen nebeneinanderliegen, ähnlich wie bei den Lebensformen.

Im Norden Islands erlebte ich Musik wie Menschen unabgeschliffen von Konventionen, schroff, erratisch, von unverwechselbar europäischem Individualismus. Gegen Abend wurde im einzigen Kino ein Hollywoodfilm gezeigt. Der Ton drang bis auf die Straße. Die Anlieger öffneten die Fenster, lehnten sich heraus, blickten auf die Außenwand des Kinos und hörten zu. Es gab ein Postamt, in dem ein paar Frauen Telefonverbindungen »nach Europa« herstellten. Einer Kundin wurde der Gebrauch eines Briefumschlags erklärt. »Telefon« heißt »Draht«, das »Fernsehgerät« »Bildrausschicker«. Es ist, als würde Technologie in das Vokabular des frühen Werkzeuggebrauchs übersetzt.

Oder wer denkt bei Europa an die Samen, die man ehemals »Lappen« nannte, das einzige bis heute überlebende europäische Urvolk, das seit über 10 000 Jahren den nordeuropäischen Raum bewohnt? Verteilt auf Norwegen, wo bis in die sechziger Jahre die schulische Prügelstrafe auf die Verwendung ihrer Sprache stand, Finnland, wo man sich noch vor gut fünfzig Jahren bemühte, alles Samische auszutreiben, Schweden und die russische Halbinsel Kola, wo die Samen heute zu den Ärmsten der Armen gehören, leben sie zwischen Diskriminierung, Verelendung und Vernichtung ihres Lebensraums.

Ortsschilder werden zerstört, samische Namen ausgestrichen und übermalt. Die Hälfte von ihnen spricht die eigene Sprache nicht mehr, manche verleugnen die eigene Herkunft. In den Tundren entstehen Windparks, Finnlands und Schwedens Bergbauboom ließ auf samischem Land Gold-, Nickel- und Kupferminen entstehen.

Angesichts der dünnen Besiedlung fällt der Widerstand schwach aus. Auch lassen sich die Samen nicht durch ein Parlament vertreten, das nicht Teil ihrer Kultur ist. Nils Aslak Valkeapää, langjähriger Kultursekretär im Weltrat der Urbevölkerungen, der bekannteste Künstler der Region, schreibt in einer Diktion, die uns an das Hopi-Orakel der Siebziger denken lässt und doch nordeuropäisch ist: »Wir bewohnen seit Jahrtausenden ein biologisch empfindliches Gebiet, ohne der Natur zu schaden. Wir halten uns für einen Teil der Natur, wir sind nicht ihre Herren. Deshalb können wir die Erde auch nicht besitzen. Sie hat uns genährt, sie hat uns beschützt.« Auch das ist Europa, Heimat aussterbender Völker, animistisch geprägter Medizin, naturreligiös animierter Musik, untergehender Kulturen und Sprachen, reich, bizarr und gefährdet.

Reist man dann südlich durch die Fjordlandschaft Norwegens, begegnet man immer wieder Menschen, die die Naturschönheit groß denken. Anders als im dicht besiedelten Süden Europas ist hier die oft beschriebene Idylle des Rückzugs in die Natur, in die Hütte am Fjord sogar realisierbar. Man staunt, wie viele Menschen diesen Weg tatsächlich antreten, und mag Norwegens Kultur also auch etwas Weltflüchtiges haben, der Staat ehrt seine Einzelgänger und bringt, was Menschen brauchen, in jeden Winkel: Straßen, Schulen, Krankenhäuser, Post und Waren.

Derselbe Staat hat beim Massaker von Utoya bewiesen, wie moralisch hochstehend ein Gemeinwesen agieren kann, wenn es nicht revanchistisch denkt. Norwegen, das Land, das seine Unabhängigkeit erst seit knapp 110 Jahren besitzt, hat sich der Aufnahme in die Europäische Union widersetzt. Das mag ökonomisch begründet werden, aber auch unter Nationen gibt es vielleicht Eigenbrötler, die lieber allein gelassen werden möchten und dennoch bestehen.

Wo heute von Europa gesprochen wird, ist reflexartig von Bürokratie, vom Beamtentum die Rede. Aus den entlegenen, provinziellen Landstrichen reise ich also in die bürokratischen Zentren. In Madrid scheint die imperiale

Architektur einschüchternd. In ihren kolossalen Proportionen symbolisierte sie Unterdrückung, die Deklassierung ganzer Stadtviertel, die sich hier zuerst in »noble« und »elende« teilten. Heute wirkt die alte Herrschaftsarchitektur gespenstisch leer. Neben den vielen Repräsentationsbauten war es vor allem der Beamtenapparat, den König Philipp II. von Spanien aufbaute und der allen Europäern zum Vorbild wurde.

Auf den Bänken des Paseo del Prado suche ich das Gespräch mit Arbeitslosen, Studenten, Rentnern. Der Chor ihrer Stimmen hat diesen Refrain: Ihr nationalen und supranationalen Politrhetoriker mit euren »strategischen Partnerschaften«, eurer »Implementierung der Aufnahmeagenda«, euren »multilateralen Zweckverbänden«, ihr habt uns müde europäisiert. Wenn ihr redet, sieht niemand Länder und Landschaften, niemand fühlt den Kontinent unter euren Floskeln.

Sie sagen, Europa ist ein Kontinent, den man nicht einfach behandeln könne, als müsse er nun ein Staat werden. Sie opponieren der Staatsidee, dem Zentralistischen überhaupt. Unter dem Asphalt der Ordnung Europas stoßen die tektonischen Platten der Ländergeschichten gegeneinander: historische Prozesse, Zyklen, Handelsströme, Stimmungen und religiöse Traditionen. Kein Wunder, dass Institutionen, die all dies vereinbaren wollen, auch Bollwerke sind. Das war bei den antiken Stadtstaaten so, entwickelte sich zu den mittelalterlichen Ständeordnungen und endete in den modernen Demokratien, in einer Gemeinschaft der Werte und der Barcodes, stark und solidarisch gegen China, Russland, Indien. Jetzt sollen wir

Europa wählen als Global Player, würden aber eigentlich lieber den Campanilismus pflegen, die Ordnung rund um den Kirchturm, die intakte Welt im Horizont dessen, was unser Auge sehen kann.

Und ist nicht schon aus den wirtschaftlichen Großkomplexen zu vernehmen, die Vielfalt und Unterschiedlichkeit störe die ökonomischen Prozesse? Anders gesagt: So viel Vielfalt könnten wir uns nicht leisten? So paradox es klingt: Vielleicht sind ja einige Gegner der zentralistischen Ordnung Brüssels trotzdem echte Liebhaber Europas und jener Kulturen, die eben nicht in den Vereinigten Staaten von Europa auf- und untergehen wollen?

Ich reise tief hinein in den europäischen Schilderwald, die Plakate voller Gesichter und Parolen, die mich wählen machen sollen. Ich passiere die Ewigkeit der Friedhöfe und der Schlachtfelder, der Denkmäler und der mythischen Orte, und ich komme, wenn ich frage, immer wieder bei der gleichen Aversion gegen »Brüssel« an. Offenbar schaffen wir es nicht, unsere Institutionen mit Wohlwollen zu sehen, unterstellen ihnen niedrige Beweggründe, nennen sie mutwillig, faul und überbezahlt, nicht delegiert »von uns«, sondern »gegen uns«.

Uns Europäer eint wohl auch der Argwohn gegenüber der moralischen Macht der Institutionen. Die erheben sich mit ihrer Repräsentationshoheit, schaffen Ghettos der Bürokratie in Brüssel oder Straßburg, und dann komme ich zum Europäischen Gerichtshof nach Luxemburg, ein Rodin räkelt sich im Eingang, helles Holz, Glas, Naturstein dominieren. Licht flutet durch den dreihundert Meter langen Corso mit seinen Abwegen zu Kantinen, Läden, der Bibliothek. Eine Stammeskultur der Beschlipsten ist hier zu Hause, gewiss, aber ich finde, wie Robert Menasse beim Europäischen Parlament in Brüssel, offene Türen, kompetente Informanten, Aufgeschlossenheit jeder Frage gegenüber, finde eine Institution, die allein 24 offizielle Verfahrenssprachen kennt und deren Mitarbeiter durchschnittlich 43 Jahre alt sind. Alles in allem ein sympathischer und plausibler Aufwand für das, was »Gerechtigkeit«, »Fürsorge« oder auch »Mitmenschlichkeit« bedeuten, wenn man sie bürokratisieren muss.

Der Bürger wünscht sich impulsiv Schutz vor den europäischen Institutionen. Diese aber wünschen sich bisweilen nicht minder Schutz vor dem Bürger, und in der Tat gibt es so viel Schützenswertes an diesem Nationengebilde, an seiner Verfassung wie an seiner Vorstellung von Recht, und dies ist zu verteidigen gegen die Europamüden, die Verächter so sehr wie gegen die Enttäuschten.

Bosnien ist enttäuscht. Es klingt aus jeder Unterhaltung auf den Straßen von Sarajewo, dieser alten Station auf den Handelswegen der Türken, Venezianer, Wiener, dem Schmelztiegel der Religionen, der Vielvölkerstadt, die bis zum Jugoslawienkrieg nie Schauplatz ethnischer Verfolgungen war. Sie hatte mehr Europa bei der Lösung der politischen Konflikte erwartet.

Serbien ist enttäuscht. In Belgrad ragen die Kriegsruinen noch mitten aus den Wohngebieten, als wollten sie sagen: Wir leiden noch, wir vergessen nicht, und der alte Professor, Vertreter der alten Intelligenzija, steht am Fenster seiner Mietswohnung und ist in der politischen

Welt ohne Ort. Gegen seine Frau, die als letzte Zuflucht die Autorität der Monarchie anbietet, tritt er als ein fatalistischer Anhänger der Demokratie auf, nicht der von Belgrad allerdings. »Warum dann nicht der von Brüssel?« Er sieht mich an, als hätte ich ihn aufgefordert, sein Land zu verraten.

Und die Kommenden? Als ich auf einem kleinen Markt eine Orange schäle, setzt sich ein zwanzigjähriger Rapper neben mich und erklärt mir seine Musik: »Ich bin kein Amerikaner, ich meine es ernst. Mich kümmern keine Frauen, Pistolen und Gold, und ich mache nicht solche Gesten«, er spreizt die Finger und stößt sie rhythmisch in die Luft. »Ich rede auch nicht so komisch – ey, motherfucker! Das sind alles Ablenkungen. Darum geht es nicht. Meine Themen sind politisch, ich bin ernst.« Seine Augen blicken dem Ernst seiner Themen hinterher. Er ist politisch. Jetzt hat er es gesagt. Genauer weiß er es auch nicht.

Ich finde aber nicht die Enttäuschten allein. Es gibt auch Länder, die auf Europa immer noch als ein Versprechen blicken. Italien gehört dazu, das kindliche, das Land der Effekte, der Buffo-Typen an der Macht, Italien, das ebenso Land des Heimlichen und der unsichtbaren Einflüsse ist! Hier hat man sich, als das Gemeinwesen schon Schaden nahm, von Europa zeitweise mehr Ordnung erhofft, als sich das Land selbst zu geben vermochte.

Hoffnung in Europa setzten die Länder des Baltikums! Als sie 1991 ihre Unabhängigkeit wieder erhielten, war die »singende Revolution« mutig und friedlich vorausgegangen und hatte Europa die Tür geöffnet. Prompt türmen sich im lettischen Riga heute rund um eine Puppenstuben-Altstadt mit Herder-Denkmal und Bremer Stadtmusikanten die Glaspaläste der Shopping Malls von internationalen Ausmaßen.

Im litauischen Vilnius tritt man in eine Vergangenheitsform des baltischen Lebens ein: Die Kirchen ragen als Zapfen aus den buschigen Löwenzahnwiesen, es gibt goldene Ladenschilder, pastellfarbene Altbauten, aber auch humpelnde Alte in Blue Jeans, weißhaarige Ordensschwestern mit modischem Rucksack, Alte in Leggins. Doch halten die Radieschenverkäuferinnen noch die roten Büschel in den Passantenstrom und lächeln aus wattierten Anoraks. Europa ist ein Quilt.

In Estland weht die amerikanische Flagge so verbreitet, als sei sie gegen die Russen aufgepflanzt. Die Postkartenverkäuferinnen tragen Tracht. In den Antiquitätenläden liegen die heimischen Textilarbeiten neben Nazi-Hinterlassenschaften, ukrainischem Porzellankitsch, Matrjoschkas mit Putins Kopf, und in der Sushi-Bar geht eine Alte von Tisch zu Tisch und bietet Socken mit Rentiermotiven an.

Ja, die Länder im Osten, die oft besonders leidenschaftlich von Europa träumten, sind vielfältiger und heller geworden. Das begann mit Prag, das heute ein gelacktes Schmuckkästchen ist. Aber auch Budapest und Warschau haben sich entpuppt, schließlich Tirana und Sofia. Die Albaner, vormals Skipetaren, waren eine Stammesgesellschaft, die Sprache und Geschichte zusammenhielt. Nachdem Diktator Enver Hoxha 1967 zum Sturm auf Bilder, Museen, Kirchen, Moscheen aufgerufen hatte, erst mit dem Warschauer Pakt, dann mit China brach und das

Land völlig isolierte, entlud sich nach seinem Tod 1985 der Hass in Zerstörungswut. 1997 griffen die Europäer ein.

Seither, so scheint es, wartet Albanien auf die Segnungen des Westens. Die Burg Skanderbeg in den Bergen hinter Tirana feiert den Feldherrn, der 1443 die Türken in die Flucht geschlagen hat. Der Tourismus, der ihn ehren soll, überschüttet den kargen Ort mit einer Andenkenflut ohne Abnehmer. Das Pathos der Stätte vermittelt sich nicht, und wenn man ans Meer fährt, findet man jeden Hügelzug vollgestellt mit Billboards. Sie sind die Vertreter der ankommenden Welt. Schau, sagt die Ware, so werde ich aussehen! Aber hinter den Plakaten ist keine Welt. Die Hotels stehen leer, der Küstenstreifen ist nur der Konjunktiv einer Côte d'Azur, sagt aber dennoch, wie alles: Europa, wir warten!

Auch Bulgarien, die Heimat des Orpheus, hofft weiter. Von hier hat die Welt zuerst Stimmen gehört. Der Gebrauch von Instrumenten ist in den griechisch-orthodoxen Kirchen nicht erlaubt: Instrumente können nicht beten. So erfuhr die Welt von der tiefen Religiosität im Land der 237 Klöster zuerst durch die »Voix Bulgares« und ihren chorischen Gesang, den schon Stevie Wonder und Frank Zappa priesen.

Das moderne Sofia dagegen ist eine raumgreifende Stadt mit Boulevards und großen Einfallstraßen, umgeben von massiven Hotel- und Bürokomplexen, zwischen denen alte Frauen mit Reisigbesen fegen. Vom Sozialismus bleibt das Monumentale des Raums, der die Menschen immer zu klein und zu wenig erscheinen lässt, eine imperiale Idee, die nicht wie in Paris und Madrid Könige aufruft, sondern die Symbolik der Parade, des Aufmarschs.

Gleich bei der »Bar Happy Grill« steht die Hagia-Nedelja-Kirche mit ihren von Ikonen gepflasterten, weihrauchgeschwärzten Wänden und Fresken. Ein Pope singt in hellem Tenor, ein Knabe steht, die hohe tropfende Kerze in der Hand, mit I-Pod-Stöpseln im Ohr und verneigt sich betend. Man atmet die Luft aus einem Schacht ins Mittelalter. Ein Kustode kommt und fordert mich auf, nicht mit übereinandergeschlagenen Beinen zu sitzen. Warum? Er deutet zum Altar: »Das Kreuz ist IHM allein vorbehalten.«

Auf dem Ikonenmarkt draußen sagt der Verkäufer, nach Europa gefragt: »Wir misstrauen allen weißen Rittern, die auf dem Pferd kommen, um uns zu retten. Erst der Zar, dann Ex-Präsident Borisov, dann die EU, sie klingen immer gleich. Auch die EU paktiert mit denen an der Macht. Es ist aber die Macht der Betrüger und der Ausbeuter. Wer bei uns gut ist, macht, dass er schleunigst ins Ausland kommt.« Dass das möglich ist, hält er für eine Segnung Europas. Dass man sich den Kopf über die ferne parlamentarische Vertretung zerbricht, für ein wenig dekadent. Die Frage ist auch für dieses Land nicht, wie es zu Europa steht, sondern wie Europa zu ihm steht.

Mir scheint, dies sind schlafende Länder, die so viel sein und geben könnten, besitzen sie doch vor allem die Neugier und die Lust, sich im Blick der Fremden selbst zu erkennen. Europa wurde von den Starken erdacht. Aber mit der Einheit verbanden alle gemeinsam Infrastruktur, Fortschritt, Marktöffnung, Wachstum. Sie sagten »Kultur« dazu.

Rumänien war Kornkammer und Armenhaus des Balkans, fror, hungerte, erlebte ein Wechselbad aus Faschismus und Kommunismus und tauchte endlich auf, erwacht zu Europa. Aber jetzt? Die großen Mietwohnblocks sind halb verfallen. Durch die zerbrochenen Fenster stattlicher Bauten in Bukarest fliegen die Tauben ein und aus.

Aus den europäischen Krisenländern des Südens kehren die arbeitslos Gewordenen jetzt zurück, finden ihre Heimat ärmer vor, als sie sie verließen, und haben manchmal kaum noch ein Gefühl für sie – warum also für Europa? Diese Arbeitsnomaden ziehen als eine eigene Nation der Entwurzelten über den Kontinent. Kann man ihnen Leidenschaft für ein Parlament abverlangen, das fern, fremd und reich wirkt? Mihaela, laut Visitenkarte »Business Development Manager«, sagt: »Ich werde gerne als Europäerin betrachtet, aber als Rumänin bin ich nicht sicher, dass man mich in Europa auch so sieht.«

Wir fahren durch eine Landschaft, die aussieht, als habe sich eine Tsunamiwelle daraus zurückgezogen und nichts als Fragmente des Lebens, Müll und Pfützen zurückgelassen. Siebzig Prozent ihres Einkommens geben die Menschen für Nahrungsmittel aus, kaum regionale allerdings, liegen die Äcker doch auch im Frühjahr brach, weil die Bauern keine Kredite für Saatgut und Landmaschinen bekommen.

Und dann, in diesem kleinen, aufgeräumten Ort Targu-

Jiu am Südostrand der Karpaten, stehe ich plötzlich doch vor Europa, oder vielmehr wird diese Idee der Völkerverständigung, Nächstenliebe und visionären Kraft manifest. Da ist ein kleiner Park samt Allee. Folgt man ihrer Achse etwa 1300 Meter, so entfaltet sich die Idee gewissermaßen im Gehen. Zwischen 1935 und 1938 hat hier der Bildhauer Konstantin Brancusi ein Ensemble aus drei Skulpturen errichtet, beginnend mit dem »Tor des Kusses«. Dies sieht nur aus wie einer jener Triumphbögen, die in vielen Hauptstädten nach gewonnenen Schlachten gegen die europäischen Feinde errichtet wurden. Dieser aber, mit seinem Kussmotiv in den Pfeilern, triumphiert für die Einheit.

Der »Tisch des Schweigens« auf der anderen Seite des Parks wirkt dagegen archaisch wie ein miniaturisiertes Stonehenge. Es sind Krähenrufe in der Luft und Klingeltöne. Doch der Tisch mit seinen zwölf Sitzen um das Tischrund assoziiert den Heiligen Gral, den Mythos des Verhandlungstischs, und die Sitze tragen, an die verrinnende Zeit erinnernd, die Form des Stundenglases.

Gut einen Kilometer weiter erhebt sich auf einem Rasenrund vor dem Panorama der Berge »Die endlose Säule«, ein schmales, statisch kühnes, aus siebzehn Segmenten emporstrebendes Fanal, dessen fragmentarischer Abschluss sich dem Himmel öffnet, Gradmesser für das Ziehen der Wolken, vor denen sich gerade zwei Vogelschwärme vereinigen.

Europa! Eine vollendete Leistung des Aufbaus ist dies, auch als Organisation von Licht und Schatten. Alle diese Segmente sind zugleich bauchig und kantig, sind andere und gleiche, haben die Zeit auf unterschiedliche Weise aufgenommen, ihren Verschleiß anders beantwortet und demonstrieren in ihrer metallisch gelbgoldenen Patina Individualität im Verfall. Aus der Ferne ist dies eine Form bloß, mit jedem Schritt darauf zu aber wird sie zugleich wirklicher und unwahrscheinlicher. Es ist dies das Banale, das sich in der Annäherung ins Erhabene verwandelt. Jeder Blick strebt nach oben und will abspringen in den Himmel der Ideen, wo ja auch die von Europa beheimatet ist.

II

Er findet keinen Zugang zu dem Ort, eine Kleinstadt, er müsste ihn in einen Film versetzen, in einen anderen Zusammenhang. Dann wäre dieser Bahnübergang vielleicht nicht einfach der dreckige kleine Übergang, sondern eine Verheißung für ein »weit weg«. Und dahinter liegt die Welt.

Aus der Materialsammlung
»Über das Reisen«

Im Transit
Szenen aus dem Unterwegs

Als der Ethnologe den afrikanischen Stammesführer fragt, warum sie keine Fenster in ihren Hütten hätten, erwidert dieser: »Wenn wir in unseren Häusern sind, sehen wir alles, was wir hier brauchen; wollen wir sehen, was draußen geschieht, gehen wir hinaus.«

Ich streife durch den Speckgürtel einer mitteldeutschen Kleinstadt und beobachte die Wiederkehr mittelalterlicher Wehrarchitektur im Sozialwohnbau der siebziger Jahre, wo die Fenster noch wie Schießscharten sind, tief und klein. Die Unsinnlichkeit der Verteidigungsarchitektur ist Teil ihrer Funktion. Man befand sich im Krieg. Auch die deutsche Nachkriegsarchitektur entstand noch in der Unsinnlichkeit, dem Selbstverzicht, der Abwehr gegen sich selbst und die Schrecken des Außenraums. Leistete man sich einen Schmuck, dann als Kunst am Bau, abstrahierend, pädagogisch. In strengen Formen sehnte man sich nach dem Ornament, dem sinnlos Erfreuenden.

Zwischen den Mauern also gilt wie zwischen den Hügeln: Das Romantische ist das Unausrottbare. Kaum liegt da ein Tal mit ein paar Häusern, schon sammelt sich darin der Geist einer anderen Zeit, anderer Ideale. Man ist immer entweder ein Heimischer oder ein Fremder. Ich bin immer wieder lieber ein Fremder.

Aus diesem Hotel am Bahnhof muss ich schleunigst raus. Raus aus dem Geruch von Knoblauch und Terpentin, aus den Fluchten mit Teppichboden von der Farbe und Dichte eines Gewölles. Raus aus dem Frühstücksraum mit zwanzig Tischen und vierzig roten Bechern für Tischabfälle, an der Rezeptionistin vorbei mit dem aufgeplusterten Haar und der schneidenden Stimme: »Und noch was aus der Minibar gestern Abend, der Herr?« Nichts, denn selbst zum Sündigen war es hier zu eng, zu dumpf, zu streng, bloß raus, ins nächste Taxi. »Zum Hotel Königskron«, sage ich, denn ich erinnere mich an eine Aussicht, an einen Teppich mit Sternen drauf und gemalten Zirruswolken an der Zimmerdecke. Hinein in den Kitsch, denke ich, das ist schöner.

»Da wollen Sie hin?«, fragt der Taxifahrer. »In dem Hotel fliegen doch die Heiratsschwindler aus den Fenstern!« Woher er das weiß? Zehn Jahre lang kam ein Herr hierher, umgarnte Frauen, flanierte mit ihnen in den Rheinauen, kehrte zurück ins Hotel, aß gepflegt, liebte sie anschließend stürmisch ...

»Woher wissen Sie das?«

»... und die ließen sich alles abschwatzen. Eines Tages ist dann vorn die Polizei vorgefahren, und hinten ist er aus dem Fenster gesprungen, hat sich das Bein gebrochen, das war's.«

»Und woher wissen Sie das?«

»Ich hab eines seiner Opfer geheiratet.«

Erst waren es drei Karten spielende Männer, die das Abteil mit ihrem ständigen Zanken über die Spielregeln füllten, dabei aber lachten und sich gegenseitig auf die Knie schlugen. Sie gingen. Dann stiegen vier Nonnen ein. Sie murmelten, musterten mich heimlich. Die Ordnung, die sie repräsentierten, wirkte nicht himmlisch, eher polizeilich. Dann beugten sie sich über Fotos, auf denen sie zu sehen waren in Zeiten, als sie noch keine Ordensschwestern waren. Etwas stimmte nicht mit ihnen. Zum ersten Mal in meinem Leben sah ich sonnenverbrannte Nonnen. Dann erzählte die Älteste eine Geschichte von damals, genauer, von den »alten Zeiten, die wo früher mal gewesen sind«. So, dachte ich, redet nicht, wer sein Leben auf uralte Legenden stützt.

Dann zwei Treppen tief zur U-Bahn, den gekachelten Bauch der Tunnelkurve im Auge, darüber Rohre und Leitungen, unordentlich unter rostenden Schellen zusammengeklemmt und vom Dreck verklebt. Irgendwo führt der Strang zu einem Loch in der Decke, verschwindet und geht unter der Isolierung auf unsichtbaren Wegen weiter.

Dann die Rolltreppe, die ihre hölzernen Fugen unter die metallene Schwelle schiebt, jede Stufe neu und wieder, der gegerbte, an den Seiten schon faserige Gummimantel des rollenden Geländers, eskortiert von kleinen, metallig gerahmten Werbeflächen. Haarstudio, Musical, Kirche, Fast Food, Krüppel, Fernreisen, Haarstudio, Fastfood, Fastfood, Fastfood, Krüppel ...

Eine junge Frau sitzt da, auf deren hellem Rock ein kreisrunder frischer Blutfleck liegt. Gerade im Schoß. Ich sehe ihr in die Augen. Weiß sie, weiß ihr Gesicht, dass sie blutet? Ich schaue zum Fenster hinaus. Das ist keine Monatsblutung, es ist ein Gebrechen wie die Schwindsucht, der Bluthusten, eine Stichwunde, die unverheilt aufgebrochen ist, eine operierte Naht. Ist sie groß, wird der Fleck wachsen, wird ihr Gesicht weiß, wird sie die schneeweiß erbleichte Hand darauf legen und einen Mund wie ein »O« machen? Ich schaue wieder hin, ihr Gesicht sieht genauso aus, aber das da unten ist jetzt ein großer modischer Knopf.

Der Zug verlangsamt abrupt, kommt zum Stehen. Neben dem Schild »Chancery Lane« hängt auf dem Bahnsteig ein Plakat mit dem Rückenakt einer jungen blonden Frau, die sich überrascht nach dem Betrachter umwendet. Aus dem dunklen Hintergrund läuft ein Mann mit Gewehr nach vorn. Der Horizont ist so voller Feuer wie beim Höllen-Brueghel.

»Good Movie«, lässt sich mein Nachbar hören, der Begleiter eines Jungen mit Augenklappe. Er spricht in dem typisch kehligen Akzent, in dem Inder das Englische aufweichen. Ich suche das unbedeckte Auge des Jüngeren, das sehnsüchtig mit dem Plakat zu laufen begonnen hat, denn der Zug hat sich wieder in Bewegung gesetzt. Doch die Beschleunigung ist jetzt schon so hoch, dass die Schrift nicht mehr zu entziffern ist. Nur der Mädchenkopf scheint sich nach dem Zug immer weiter umzudrehen.

»Wie hieß der Film?«

Der Einäugige denkt nach, dann zuckt er die Achseln. Sein Gesicht fällt in die anfängliche Teilnahmslosigkeit zurück. Jetzt ist keine Antwort mehr zu erwarten.

»Ich begleite ihn nur in die Klinik«, mischte sich der andere ein. »Morgen wird sich entscheiden, ob das Auge raus muss.«

Er macht eine Geste, als zöge man mit der Spicknadel einen Fettstreifen durch Filet.

»Haben Sie es gesehen, wie es aussieht? Vielleicht ist Krebs dahinter. Dann hilft nur eins.«

Der Inder wiederholt seine Bewegung, diesmal dicht vor dem Auge seines Freundes.

»Dann muss es raus.«

Der Finger wandert hinüber zu der schwarzen Augenklappe.

»Wie das.«

Wo früher das Auge gewesen sein muss, wölbt sich jetzt die Klappe steif.

»Wir haben schon Erfahrung in diesen Sachen, wir sind schon halbe Ärzte.«

Ich sehe mir das Auge nur einmal kurz von der Seite an, bis es zu mir herüberrutscht, eine Linse nur, in blutigem Wasser.

»Man sieht ihm nicht an, dass es überhaupt noch Bilder produziert. Könnte fast schon blind sein. Nicht? Wahrscheinlich nehmen sie es sowieso raus. Mein armer Johnny, nicht wahr?«

»Heißt er wirklich Johnny?«

Der mit der Augenklappe nickt, schließt für einen Moment sein Auge, legt eine Hand darüber.

»Johnny, the wild one«, sagt er. Selbst im Winkel des fehlenden Auges entsteht ein Lächelfältchen.

Der Bärbeißige, der vom Kneipentisch aufsteht, als würde er mit einer Seilwinde hochgezogen, als der Adonis in der Matrosenuniform durch die Tür tritt: »Marco Polo, it isn't yourself, back from the islands!«

Der aber setzt sich an einen anderen Tisch, zu einer Frau. Sie greift in seine Tasche, blättert durch einen Malblock, lächelt, ja, gibt es weiter an eine Zweite, sie blättern gemeinsam, deuten in den Block. Der Maler schaut beiseite, es ist ihm peinlich. Er greift mit der Hand nach dem Block, gelobt, lachend gelobt, aber missverstanden.

Der Bärbeißige, nun wieder vom Barhocker aus grölend: »It isn't yourself, Marco Polo!«

Ein Schwarzer mit Zöpfen unter der Wollmütze verkauft im Gehen Schirme. Es regnet nicht. Aus den Hausfluren stinkt es nach kaltem Tabak und Pisse. Irgendwo muss jemand angefangen haben, ein Kind zu verhauen. Das Geschrei setzt ohne Schrecken ein, arbeitet sich aber allmählich ein Crescendo hoch. In der Ecke stehen zwei Punks und küssen sich altmodisch. Ein pantomimisches Anfressen ohne viel Licht, Luft und Geschmack ist das, eine Fahrt ins Erlöschen der subjektiven Einstellung. Küssen: Der Herr hat mir einen Pelz versprochen, warm ist sein Wort.

Und wenn man sie dann hinter sich lässt, im Morgengrauen heimkehrt, berauscht, nachdem man mit den anderen auf einer Parkwiese zuletzt nur noch lagerte und palaverte, wird im Zurückblicken etwas daraus wie eine Wiederentdeckung des Menschen. Alle wollten an diesem Abend erlöst werden oder wenigstens einen Blick auf die

Erlösung werfen, Worte sollten reichen, Versprechen. Und sie alle bitten eigentlich unausgesprochen um einen Bruch mit der Lebensordnung, in der sie sich befinden, bitten um eine Idee vom guten Leben. Sie ist immateriell, liegt irgendwo zwischen dem Sehnen, dem Traum von einem Plan, einer Vorstellung der Umsetzung, in unbewussten Augenblicken der Freude, in einem Ankommen, ohne zu verschwinden, in der Selbstüberbietung.

So fühlt es sich an, wenn man den allmählich von innen erblassenden Himmel in sich aufgenommen hat, ehe man aufgebrochen ist und in der Dämmerung auf der Straße den Abschiedsruf des Freundes zu oft wiederholt, damit es hin und her schallt, man den Schlüssel leise ins Schloss führt und die Garderobe einatmet und die Nacht und den Stimmklang und die Morgenkühle noch um sich fühlt mit der Empfindung, dieses unfertige Lebensalter gerade ganz und gar ausgekostet zu haben.

Aus manchen Dörfern im abruzzesischen Gran-Sasso-Massiv haben sich die Jugendlichen ganz zurückgezogen. Sie suchen ihr Glück in der Stadt, sagen die Alten, die sie nicht hindern wollen und können und die selbst kein Glück mehr dort haben, wo sie es ehemals suchten. Jetzt ist nur noch die Hälfte der Häuser an der Dorfstraße bewohnt, und nur über die Hälfte ihrer Strecke brennt noch die Straßenbeleuchtung. In den aufgegebenen, lichtlosen Häusern aber haben sich die »Vu-cumpra«-Leute niedergelassen, wie die afrikanischen Flüchtlinge genannt werden, die auf den Märkten geschnitzte Tiere aus der Savanne anbieten und nicht mal das »vuoi comprare« richtig über die Lippen bringen. In diesen Gebirgsdörfern ist so eine eigene Kultur entstanden zwischen den alten Bauern und den jungen Afrikanern. Einmal habe ich einen Greis mit einem jungen schwarzen Hünen Hand in Hand über einen Feldweg kommen sehen. Es war das Ideal eines Feldwegs, das Ideal eines Paares.

Über dem alten Ziegeldach erhebt sich noch ein Mauerstück. Auf dem weißen Giebel darüber prangt in alter roter Schreibschrift: »Ricarda«. Darüber hebt sich eine Ähre und weht ins Nichts – für eine Frau, eine Müllerin, ein Brot? Sie weht in die Leere des Bedeutens. Und ich sehe mich auf dem Feldweg. Sie ging ernst neben mir, über die Politik Lateinamerikas redend. Ich wäre gut zu übersehen gewesen, dachte ich, aber nicht von ihr. Das war unser letzter Spaziergang vor ihrer langen Reise. In ihrer Rede war sie schon abgereist, und als sie mit einem Blick zu mir zurückkehrt, ist er voller Fremde, was uns angeht, so glücklich ausgeleert wie der der Gattin, die aus dem dunklen Haus ins Schlafzimmer zurücktappt und sagt: »Es war nichts.«

Die Straßenbeleuchtung des alten Syrakus funzelt gelbstichig. Trotzdem wird in diesem feierlichen Licht des späten Abends ein Greis angefahren. Rasch bildet sich ein Kreis hilfsbereiter Leute um den hingestreckten, kraftlosen Körper. Den Kopf bettet man auf eine Zeitung. Eine Frau ruft vom Bürgersteig herüber, immer wieder Unverständliches, in einem matschigen Dialekt und so, als wage sie sich nicht in den gestockten Verkehr hinaus. Die

Autos hupen, die Frau schreit, der Greis seufzt bloß. Trotzdem sind alle Geräusche in diesem Augenblick gleich laut. Der Alte hat seinen Blick auf den Nachthimmel geheftet. Schon früher hatte ich einen Alten so liegen sehen, aber friedlich und in einer Wiese, und er hatte geflüstert: »Es ist mir zu viel Bewegung in der Welt. Wie gut, dass es das Gras gibt.«

Die philippinische Taxifahrerin fährt ein Gesicht durch die Stadt, von dem sie weiß, dass es einmal schön war. Darin ist beides: das Glück darüber, mit einem schönen gelebt zu haben, das Bedauern darüber, es nicht mehr zu tun.

»Meine Nase«, sagt sie, »stammt noch aus jener guten Zeit«, und demonstriert diese angehobene, verschlankte, mit einem anständigen Rücken ausgestattete Nase. »Die stammt aus meinen lebenden Jahren.«

Sie sagt auch: »Heute bin ich Witwe, ich muss arbeiten. Meine Tochter ist siebzehn, und ich fahre siebzehn Stunden täglich.«

»Wenn sie 24 ist, werden Sie den ganzen Tag fahren?«

»Lieber wäre ich Kassiererin oder Serviererin oder so was. Aber das geht nicht.«

An der Ampel legt sie den Kopf in den Nacken wie zum Sekundenschlaf. Es ist zwei Uhr früh.

»Sie sollten schlafen.«

»Gut«, sagt sie. »Am Flughafen gibt es eine Garage, wo ich im Wagen ein paar Stunden schlafen kann. Da falle ich nicht auf.«

»Sie werden die schönste Nase der ganzen Garage haben.«

»Ich weiß. Und noch immer erinnert sie mich an meine lebenden Jahre.«

Um zehn Uhr abends setzt die Maschine in Casablanca auf. Es ist kurz vor Weihnachten, aber warm nach einem Tag des Regens. Der Fahrer des alten grün-weißen Mercedes mit den durchgesessenen roten Kunstledersitzen sagt, nein, nicht drei, sondern fünf Stunden seien es bis nach Essaouira, der alten Hafenstadt auf der in den Atlantik ragenden Landzunge. Ich strecke mich hinten aus, die Luft von draußen riecht nach Muskatnüssen. Einmal kommt ein Spielmannszug, die Musiker sämtlich in roten Westen, durch den strömenden Regen. Einmal stürzt ein strohgelber Papierdrachen durch den Nachthimmel und hebt sich gleich wieder in die Höhe, elegant wie die Flugbahn eines Gibbons zwischen zwei gleich hohen Zweigen.

An einer Dorfstraße hält der Fahrer lange nach Mitternacht bei einem lebendigen Nachtmarkt mit Metzgereien, Ständen voller Südfrüchte, Autozubehör, buntem Plastikgeschirr für die Küche. Wir überspringen die Pfützen im Kies auf dem Weg zu dem offenen Lokal, spucken Olivenkerne in den Sand und trinken schwarzen Kaffee schweigend.

Nebenan packt sich der Metzger eine Rinderhälfte. Sie ist so schwer, dass sie immer wieder vom Haken reißt und mit dem Phlegma eines strauchelnden Pyknikers in seinen Armen plump zu Boden geht. Der Metzger, der dem Rind eben noch die Halsschlagader geöffnet, es abgehäutet und geteilt hat, beugt sich jetzt als ein Samariter, hebt die Körperhälfte, umarmt sie erneut mit zwei starken Armen und trägt sie über die nasse Straße fort, strauchelnd, denn er wird fast von ihr erschlagen. Es ist wie der Tanz zweier, die sich nicht einigen können, wer führt.

Am nächsten Tag dringt der Sirenenton des Muezzins in den einsetzenden Regen, dann lamentiert das Schimpfen des Klempners in dessen Singsang hinein, weil sich das Klo nicht am Boden fixieren lässt. Katzen steigen aufgereiht, vier hintereinander, über die Dächer, einem Stereotyp folgend, schreiend wie Babys vor Lust. Eine alte Frau wird nachts vor der Tür erschienen sein, ich werde mit Kindern auf der Uferpromenade zwischen der alten Festungsbrüstung und der Aussicht auf den Offshore-Windpark in der Bucht Fußball gespielt haben, und doch wird später das Verweilen im Übergang, dies dezentrale, aus der Mitte herauslaufende Leben, das Wirklichste der Reise gewesen sein.

Das große Behagen der Fläche: Die Badenden an diesem Strand sind lose verteilt, ein paar Abgelegte, ein paar Torsi, die unregelmäßig aus dem flachen Wasser ragen, gemächliche Armzüge absolvieren zwischen den Wellenbrechern, schließlich zusammensacken im Sand – eine Bewegung wie das Schreiten der Kamele in der Steppe, träge wie die Heimkehrer, die über die afrikanischen Wüstendünen kommen, als kämen sie zu sich: ausgestreute Menschen.

In Addis Abeba schaue ich einem Straßenjungen zu, der sich übt, Steinchen in einen Hut zu werfen. Ich frage, ob er Lust habe, mich in das Museum zu begleiten, das er nie betrat. Wir müssen das Museum durch einen hinteren Treppenaufgang betreten, da die Haupttreppe an einem ausgestopften Löwen vorbeiführt. Der Junge tat ein paar Schritte in die Halle, erstarrte beim Anblick des Löwen und war nicht zu bewegen, seinen Weg an diesem vorbei zu nehmen. Er glaubt seinen Tod nicht.

Die meisten Vitrinen im ersten Stock sind ausgeweidet, geplündert, nie gefüllt gewesen, leer. In einer steht einzig ein verlorener Becher, die Erinnerung an die Olympischen Spiele von 1924. Den schaut sich der Junge nur im Vorbeigehen an. Stehen bleibt er dagegen vor den Gebrauchsgegenständen eines Oromo-Stammes, einem Schöpflöffel, einer Kelle. In einem langen Zögern hat sich sein Gesicht vollständig verdüstert, als er fragt: »Warum habt ihr den Oromo ihr Werkzeug weggenommen?«

Ich erkläre, dass es hier hingebracht wurde, damit man es ansehen und eine Vorstellung davon gewinnen kann, wie die Oromo essen. Er hört sich das lange an, bleibt aber bei seinem Fazit:

»Ich finde es nicht richtig, dass ihr denen das weggenommen habt.«

»Die Oromo haben auch ein Museum«, sage ich, »in dem sie nachsehen, was für Geräte du zum Essen benutzt.«

»Aber mir haben sie nichts weggenommen.«

Eine Stewardess gesteht mir in 11 000 Meter Höhe verschwörerisch, auf Langstreckenflügen höre sie Stimmen in den Wolken.

»Es sind die Toten, die da reden«, sagt sie, »aber sie tun es nur über Meeren und Wüsten.«
Ich lächle.
»Das Universum lacht nicht«, raunt sie.

Ich liege am Boden. Der Wald ist tropisch, es regnet. Er entfaltet seinen Namen. In der Natur ein Rauschen, Atmen, Brechen, Reißen, Reiben, Klopfen, Splittern, Tröpfeln, Scharren, eine große Konversation. Alles antwortet. Der Klangteppich des Urwalds ist wirklich ein solcher, er kennt nur eine sparsame Verwendung von Solostimmen.

Am Horizont die zerfetzten Fächerblätter der Palmen, ein trübsinniger Himmel, die Landschaft in Moll. Auch kleine Blütensträucher stehen ausgefranst wie gebrauchte Zahnbürsten. Das Fahrrad wird nicht abgestellt, sondern platt in den Sand gelegt. Man sucht die Landschaft, in die man läuft. Man will keinen Gebrauch von ihr machen, während man wie benebelt einen ganzen Tag lang den Ausschnitt ansieht, ein paar Schritte tut, aber nie weit genug, um den Horizont zu verschieben, während die Vögel nicht aufhören mit ihrem Gesang, der keiner ist, sondern eher klingt wie das Klackern der Würfel in einem Lederbecher. Andere Vögel imitieren Industriegeräusche, das Quietschen ungeölter Türen, Warnsignale elektronischer Anlagen, Klingeltöne, die nicht klingeln, sondern schnarren, grollen, murren. Jemand trägt etwas Vergessenes aus einem Laden hinter mir her auf die sonnige Straße. Wie viele Bücher würde es füllen, wollte man alle Vorgänge im Kopf eines Menschen aus einer einzigen Stunde notieren! Und der Baumstamm steht wie ein rissiger

Korken, und vom Gepiesel an seiner Flanke löst sich ein Junge und sagt zu dem, der sich auch noch den Hosenstall richtet, etwas Gemeines, Rohes, und ein Schatten löst sich aus der Kindheit.

Die Nacht senkt sich über ein Lager am Dschungelrand. Unten am Steg schreien die Waschenden. Jemand pfeift. Der Generator springt an. Das Morsealphabet der Vogelrufe setzt ein. Die Gebüsche verdichten sich, wo Gesträuch war, liegt jetzt diese breiige Dunkelheit, mit schweren Lasuren übermalt. Die Transparenz der Finsternis macht fühlbar: Noch ist nicht Nacht. Noch ist die Zeit des Verlierens, des Abstrakt-Werdens. Die Lebensräume schieben sich zusammen, in ihnen flammen die Interieurs auf, Baracken-Innenräume, ein kleiner Lichtquader Hütte, gangbare Wege, schmale Verkehrswege wie die Adernverläufe unter der Haut, ein heller Baumstamm zur Orientierung.

Der Schrei der spielenden Kinder in der Ferne ist nicht lauter als das Nahen der Mücke am Ohr. Die Letzten unten am Fluss schlagen die Wäsche auf den Steg, schäumen sie mit Kernseife ein, agieren wie ein Maler, der die Leinwand grundiert, dann bürsten sie sie, begleitet von ihrem Redestrom, zum Kichern und Gnickern des Wassers an den Pfosten. Noch springt ein Junge, auf dem Scheitelpunkt seiner Flugbahn in eine bizarre Pose fallend, vom Steg mit Kopfsprung in das schwarze Wasser, taucht schweigend auf und macht für die Mädchen am Ufer das Krokodil nach, das sich durch das Brackwasser schlängelt. Sie werfen mit der Bürste nach ihm. Er angelt sie sich, rückt sie nicht mehr raus, die Mädchen schicken Steinchen hinterher, er taucht. Eins gibt das andere. Es ist die Kindheit fremder Menschen, in der ich sitze. Ich blicke in die Erzählung, die in fünfzig Jahren irgendwo angestimmt wird und aus der ich längst entlassen sein werde: »... und wir badeten abends im Fluss.«

Die beiden Verrückten abends auf einem Waldweg. Geht dieser Weg weiter, führt er auf das Wasser? Die eine mit fast geschlossenen Augen unter dem Kanister blinzelnd, den sie auf dem Kopf balanciert. Die dahinter, von ihrer Schulter halb verdeckt, schielt mit erhobenem Kopf nach unten, zu Boden. Es vibriert ein intimes Verhältnis zwischen ihren beiden Störungen. Ich versuche ein paar Worte, die hintere lacht jetzt nur noch lauter, macht Tanzschritte mit ihrem Kanister. Der Weg ist dunkel, am hellsten scheinen die Batikgewänder der beiden Frauen. Jetzt stehe ich ihnen auch noch im Weg. Sie verlangsamen nicht. Nein, sie flankieren mich, beide lachend, weil sie so stark und unbeirrbar sind, trotz der Last auf ihren Köpfen. Dann bleiben sie doch noch stehen mit diesen aufragenden Kanistern, und ich fühle ihre Hände in meinen Haaren, auf meinem Bauch. Ich spüre, wie meine Nerven in die Organe schießen.

»Alles, was recht ist«, sage ich im Dunkel auf Deutsch und fühle im selben Moment, wie sich zwei braune Hände unter meiner Kleidung treffen, während die Kanister bedrohlich über unseren Köpfen wanken.

Dann gehen wir zum Abendessen in die Hütte, wo die Holzarbeiter sitzen und über eine neue Lotterie namens Porkas debattieren. Vor allem lassen sie sich von dem jungen Mann aus Jakarta erklären, wie so eine Maschine funktionieren solle, eine Zufallsmaschine, die die Nummern bestimmt, und warum ausgerechnet sie, von allen Dingen auf der Erde, so unparteiisch sein soll. Sie hören zu. Anschließend denken sie, was sie vorher dachten: »Ehrlich ist auch so eine Maschine nicht.«

Ich aber liege auf dem Rücken im Gras – neben mir ein 22-jähriger indonesischer Blutegelforscher – und singe unkonzentriert in den blauen Himmel: »O Yoko, o Yoko, your love is turning me on.« Dann fällt der muslimische Blutegelforscher ein, und drinnen streiten die Männer immer noch ernst und sachlich über diese Maschine, die angeblich völlig unparteiisch die Kugeln ziehen soll.

In der Beobachtung der wilden Orang-Utans zerfallen mir nach und nach die Maßstäbe. Kein Blick reicht weit genug, denn er gelangt nicht weit genug weg von der menschlichen Psychologie. Das Tier ist die Grenze. Sie definiert mich. Ich kann den Affen nicht begrenzen. Also hat er die Hoheit. Sosehr ich in seine Augen starre, es öffnet sich kein Außerhalb. Und doch, auch er folgt nicht allein Lust-Unlust-Impulsen. Wenigstens scheint er als diese eigene Kreatur persönlich und selbständig zu sein. Jetzt ist der Menschenaffe nicht mehr der Vorläufer, er könnte vielmehr der Nachfolger des Menschen sein, in einer endzeitlichen Seinsform: der Primat, die äußerste Entwicklung menschenähnlicher Kultur.

In der Betrachtung des Tiers liegt eine Berührung mit dem Tod, eine Form zu erstarren. Denn es beherbergt eine Form des Verstummens, ist nicht auf dem Sprung zu uns, sondern von uns weg. Der Orang mustert sein Gegenüber, schaut weg, des Desinteresses wegen, das ich auslöse. Er kehrt mit seinem Blick zurück, aber eher so, wie ein Mann eine Masturbationsvorlage mustert, um ihre Eignung abzuschätzen.

Er schaut hin, schaut weg. Nähme man seinen abrupten Gestus psychologisch, er wäre verächtlich. Doch ist er ohne Moral. Er gibt seinem Blick keinen Sinn mit. Er erschöpft sich. Jetzt ist der Mensch sein Aquarium. Der Blick durchschweift das Milieu, in dem man lebt. Er wendet sich vom Menschen ab, kälter als jener sich vom Affenkäfig abwendet. Ich glaubte noch, meinesgleichen begegnet zu sein. Doch hat mich der Affe zunichtegemacht, indem er mich in seiner großen, blauschwarzen Pupille spiegelte und entließ.

Ich wandere über die im Sonnenbrand aufgesprungene Lehmhaut der Erde. Manche der Mädchen haben zum Schutz vor der Sonne das Hemd halb über den Kopf gezogen und schauen müde in die immergleiche Wohlstandsphysiognomie des Fremden, der ihnen durch den Staub entgegenkommt. Am Abend vor dem Vollmond ziehen die Frauen mit Körben auf dem Kopf durch den Hohlweg. Heute bekommen die Statuen Klebereis auf Bananenblättern und frisches Obst. Immerhin wird Vollmond sein, aus den Reisfeldern klickert ein kleiner Wasserlauf, eine Alte trägt bemalte Holzfrösche im Korb vorbei. Jemand wäscht sich, es ist Montag. Die Palmen biegen sich im Wind, ein Hund, ein Huhn, ein Radio, ein Schlurfen von Schritten. Die Nacht breitet ihre Intimsphäre aus.

Der sinnlose Mensch in der Landschaft. Ein Gentleman an der Autobahn nach Kiew mit Schirm und Aktentasche unter einer Autobahnbrücke herlaufend. Wie die Alten mit den Strohsäcken auf dem Gepäckträger ihres schwarzen Fahrrads. Sie bringen in die Landschaft ein Moment von Irrationalität, das Deplatzierte der Poesie.

Wie hat das Vergessen herumradiert an Turin! Das Wichtigste ist verschwunden. Da waren ein Zoo, ein Platz mit Arkaden, eine schmale Kreuzung, über der sich die Häuser scharten wie die Gaffer um ein Opfer, eine Bar in der Sonne, ein Friedhof mit zwei flankierenden Blumenständen. Was aber war das Wichtige? Die Art der Verdichtung von Mauern, Licht und Dreck oder Farbe? Die Erinnerung an Pavese, Natalia Ginzburg, an die Bohemiens? Ein Antiquariat im ersten Stock, das hinter mir abgeschlossen wurde, meine ersten Schritte hier, damals, als ich aus Santo Stefano Belbo kam und das Hotel »Roma« suchte, in dem sich Pavese das Leben genommen hatte: »Nicht Worte, eine Geste. Ich werde nicht mehr schreiben.« Vor allem aber wohl die Masse der Bilder, die diese Stadt verdrängen würde, also die Möglichkeit einer Erinnerung, die hier geboren wurde. Die Assoziationen der Abwesenheit, auch der Unscheinbarkeit, und damit die Chance, dass sich der erste Blick dauernd an etwas Übersehenem erneuert. Sie ist gerade durchlässig, gerade abweisend genug. Dann fällt mir der große Platz ein und eine Süßigkeit, die ich mit meinen letzten Münzen kaufte. So ist die Prosa dieser Stadt. Die Szenen assoziieren die Theorien, und die Theorien sind die Regisseure der Szenen.

Ich verließ diese Stadt vor Jahren in dem Gefühl: Jetzt steht sie. Auch in mir ist sie nun Monument, eine festgefügte Ritterburg. Nun kehre ich zurück, und nicht sie erkenne ich wieder, sondern das Gefühl, das sie auslöste. Auch der Alte, der mir noch einmal, wie damals, »Monk / Trane« aus den Schubladen seines Standes unter den Arkaden wühlt, ist ewig wie das Denkmal, dieses bronzene Reiterstandbild mit seinem imperatorischen Anspruch, seiner Erstarrung in der unkontrollierten Ausbruchsbewegung des Pferdes. Mein Blick muss vor Jahrzehnten dieselbe Linie aufwärtsgewandert sein, dieselbe Rundung gestreichelt haben und irgendwo abgebrochen sein – wo aber genau, in einer Ratlosigkeit, einem halben Gedanken, einer Ablenkung, einer noch größeren Neugier auf die Quelle eines Geräusches, einem Impuls, den ein Insekt, ein Klang, die Geste eines Menschen, eine Müdigkeit auslösten? Wenn ich das wüsste, besäße ich meine Vergangenheit, wüsste, was daraus wurde? So aber erkenne ich nichts, das Standbild nicht und mich nicht, von dem ich mich vielleicht in einem Seufzer löste, so wie ich es jetzt gerade tun will, und genau da bin ich aus dem Herkommen gelöst, und genau da bin ich zugleich, im Wegwenden, eingelassen in den Verschleiß und beider Kräfte gleichermaßen froh.

Der Geruch von Gemüsen, Pasten, kosmetischen Cremes. Die Geräusche von Schlüsseln im Treppenhaus, von Vögeln, von splitterndem Glas in der Ferne. Der Atem, der halbe Appetit, der Körperhauch. Das Gefühl einer sich lösenden Enttäuschung, das Gefühl der Lustlosigkeit, die Erwartung anderer Länder, die Erwartung des Betts, die Erwartung einer Sonate.

Beim Eintreten in das Restaurant ist die Musik laut wie das Gerede eines Menschen, der von der eigenen Bedeutung überzeugter ist als von der aller anderen. Nach der Beschreibung des Essens durch die Kellnerin ist die Speise zur Aufgabe geworden, sie verlangt: Schmeck mich, schmeck genauer und differenzierter, ergründe meine Noten in der Tiefe, meine Valeurs, meine Konsonanzen.

Die Musik sagt zur selben Zeit: Hör nicht auf mich, versenke dich auf keinen Fall, suche nichts in mir, ich meine mich nicht, ich bin absichtsvoll schal, bin nie entstanden. Es gibt Künste, die Präsenz fordern, und solche, die Abwesenheit herstellen. Vergessen wir sie. In diesem Moment des Essens zur Musik besteht die Herausforderung darin, abwesend anwesend zu sein, sich ernst zu nehmen, aber nichts gemeint zu haben, eine Individualität zu besitzen, aber möglichst die der meisten.

Am Nebentisch sagt die Stimme der Ehefrau gerade ganz ruhig: »Die Kultur ist ein Haus, in dem die Männer Menschheit spielen und die Frauen zu den Fenstern hineinblicken und finden, dass es nicht ganz appetitlich zugeht.«

Dazu blickt sie ihn an mit Charme ohne Körper. Er entscheidet sich abzuwinken, die Kultur »eine Konvention« zu nennen, eine Versammlung von Vermutungen. Außerdem plärrt ihn ihr gelbes Kleid an.

»Und was wäre, wenn von der gesamten Kultur nichts

übrig bliebe als ein Minigolfplatz?«, fragt er. »Man würde ihn ansehen wie ein Druidenmal, wie Stonehenge ...«

»... und sagen: Mit mir die Sintflut!«, erwidert sie matt und kapituliert.

Nudistenpärchen auf dem Affenfelsen, in ein achtstündiges Liebesspiel verwoben. Erst als die Nacht kommt, die Ziegen aus den Bergen abwärtswandern und die Touristen sich mit ihren bunten Frotteetüchern ins Tal davonmachen, wälzt sich auch der Mann für die Erlösung auf die Frau, die mit matschig auf dem Felsen auseinandergedrücktem Hintern ihre Bereitwilligkeit mit einem ernsten Blick ohne Lidschlag signalisiert. Menschen wie Kreaturen: die Badenden im Schatten zusammengekauert, die Paarenden wie in endloser Befruchtung ineinanderverknäuelt.

Am Abend liegt das küssende Paar vor der Brandung. Den Zustand ihrer wechselseitigen Bejahung nennen sie »Liebe«. Und als die Sonne sinkt, laufen sie tatsächlich nackt Hand in Hand in die Brandung, und die Sonne geht wirklich dazu unter und errötet dabei. Zwei Silhouetten tauchen in die See, schwimmen im Gegenlicht aufeinander zu und sind schon wieder umarmt. Es muss den Pfeife rauchenden Bauern geben vor der Hütte. Es muss den Hirsch sogar geben, der dröhnend mit weißem Atem vor dem erhobenen Maul in den Himmel röhrt. Es muss Frauen geben, die, nackt in ein Frotteetuch gewickelt, dem Postboten die Tür öffnen.

Es gibt eine Wahrheit im Kitsch und ein Sehnen. Kaum eingetreten in seine Wirklichkeit, fühlt man sich angezogen-abgestoßen wie von einem schönen Menschen in unfrischen Kleidern, und manchmal schmerzt es prägnant. Wie begabt ist die Vergangenheit einmal gewesen, so verschwenderisch im Verschleiß an Bildern, so maßlos in diesem unerhörten Hineinwachsen ins Nichts, in den letzten Kuss, hinter den sich noch die ganze Person bringen ließ.

In den Fenstern der großen Stadt geht jetzt das Licht an. Also schau nach den finsteren, unter Kaminen, die ohne Atemhauch in den dämmernden Himmel ragen. Wo dennoch Rauch aufsteigt, veratmet er sich rasch in den Himmel. Die Dämmerung macht, dass plötzlich alles aus einem Material gefertigt scheint. Die Luft ist dann kalt. Auf den Straßen klappern immer einzeln die Absätze der Heimkehrer. Das Rauschen, das ununterbrochen aus der Ferne klingt, setzt sich allein aus Bewegungen zusammen, aus einer Mobilität anderswo, aus Willensregungen, die am Eingang der Straße alle erloschen sind.

Die Straße macht mich, atemlos, zum Betrachter, sie setzt mein Erstarren voraus. Zum Brausen der Betriebsamkeit anderswo geht der Blick von hier aus nur über Statisches, Erloschenes, Unbelebtes. Es braucht den Zeugen nicht. Und doch, Konflikte sammeln sich, bevor die Handlung einsetzt. Sie füllt sich mit Stimmung, in der sich etwas kristallisiert. Die Geburt der Straße aber, das ist heute der Augenblick, in dem der Betrunkene über einer Pfütze in Gelächter ausbricht. Du willst dich auf dich konzentrieren? Wo kämen wir hin!

Da stehe ich auf dem Bahnhof und sehe: Konzertmusiker mit ihren Instrumentenkoffern, auf die geöffneten Zugtüren zu hastend, ein Gefügigwerden des Bahnhofs vor ihrer Eile. Ein Mann schlafend in einer durchsichtigen Plane, zwei Afrikaner im Profil hinter einer Glasscheibe, zwei Frauen, die sich minutenlang küssen, andere, die warten, das Klappern der Anzeigetafeln – nein, da ist noch nichts.

Ich blicke auf die Schuhspitzen. Später ist da ein Arm, der hinauslangt, und die Hand greift sich die Fahrkarte, entblößt eine blutbeschmierte Manschette, mit der der Schaffner seine aufgerissenen Halswunden abgetupft hat, und die Hand verschwindet mit der Manschette, und es ist wieder da: Nichts. Innen ist alles still.

Dies sind Bilder, Schablonen ohne Mittelgrund. Es ist nichts. Warum hinter ihnen her sehen? Es ist nichts. Wo verweilen, wenn nicht hier? Und der Blick, der auf das Eintreffen eines Satzes, eines einzigen genauen Satzes, wartet, überdauert das Eintreffen der Züge und die letzte Ansage und das Löschen der Lampen, das Rattern der Gitter, nein, es war nichts, heute nichts.

Ich bleibe aber da stehen, bis man mich hinauswirft. In der allegorischen Pose eines, der auf das Eintreffen der Wirklichkeit wartet, steht da draußen nur noch der andere Ausharrende, der herausgeworfene Greis, steif wie der Löwe, der, Demokrit zufolge, das einzige Tier ist, das mit offenen Augen geboren wird, »zornerfüllt und von Anbeginn nach Taten trachtend«.

Manche Gesichter sind die Gleichzeitigkeit von mehreren, andere die Abwesenheit von allen anderen. Ihm aber dämmert etwas, doch mit dem Eifer eines anmaßenden Rechthabers bringt er dann doch nur den einen Satz hervor, den mit der deutschen Staatsangehörigkeit, er sagt sinnlos: »Sie können hier nicht stehen bleiben.«

Einzelgänger des Weltraums

Der Einbruch der Zukunft in die Gegenwart klingt manchmal so schlicht. Zum Beispiel: Unter uns leben die ersten Menschen, die, in einen Stahlmantel eingeschlossen, befeuert von einer haushohen Stichflamme explodierenden Treibstoffs in den erdnahen Weltraum katapultiert wurden, Menschen, die außerhalb der Erdatmosphäre geatmet haben, in der Schwärze des Orbits. Erst ein paar Hundert sind es, die es bisher erleben konnten, in den Raum zu schießen und von dort mit eigenen Augen die Erde zu sehen.

Vergessen wir für einen Augenblick das Wissenschaftliche, Technologische, Strategische daran und konzentrieren die Aufmerksamkeit auf etwas, das unvorbereitet und wie unwillentlich in ihre Erfahrung eingedrungen ist: das Ästhetische.

Nichts scheint diese ersten Weltraumreisenden vorbereitet zu haben auf das, was die Anschauung des Alls und der Erde im All in ihnen auslösen würde, demütig und poetisch haben sie sich dem quasi Religiösen einer Erfahrung des Exterritorialen zu stellen versucht. Einige haben für diese Erfahrung das alte Wort »Ehrfurcht« verwendet, haben im Angesicht der unendlich empfindlichen Hülle der Biosphäre von »Respekt« und »Achtung« vor der Schöpfung und von der »persönlichen Beziehung« zum

»Heimatplaneten« gesprochen, haben aus diesem Erleben ein Gefühl der Verantwortung abgeleitet und sich in einer tieferen Bedeutung als »Erdenbürger« erkannt.

»Ich schwebte, als wäre ich im Innern einer Seifenblase«, sagt der polnische Kosmonaut Mirosław Hermaszewski. »Wie ein Säugling im Schoß der Mutter. In meinem Raumschiff bleibe ich immer das Kind der Mutter Erde.« »Ich glaube, mir ist nie so recht klar geworden, was ›rund‹ heißt, bis ich die Erde aus dem Kosmos gesehen habe.« So der sowjetische Kosmonaut Alexej Leonow.

Denkwürdig, wie sich das Verhältnis zur Schöpfung bei diesen Männern und Frauen, fast 450 bis heute, verschob und welche Formen diese Veränderung annahm!

Das Bild des legendären Tischlersohns Juri Gagarin, des ersten Menschen im All, lächelt von der Decke der »Mir«. Mit 60:40 gegen eine sichere Rückkehr hatten Wissenschaftler ehemals seine Chancen beziffert. Auf dem Weg zur Rakete pinkelte er noch einmal gegen die Reifen des Shuttle-Busses. Fast alle Kosmonauten tun das bis zum heutigen Tag. Es soll Glück bringen.

Ein freundlicher, bescheidener Mann, wünschte sich Gagarin im Weltraum lediglich ein bisschen Musik »über die Liebe«. Man überspielte ihm einen Titel namens »Maiglöckchen« des russischen Popstars Utjossow.

Als er, treuherzig und überwältigt von dem Echo auf seine Mission, die Erde dann wieder betrat, sinnierte ein Zeitungskommentator, er mache Hoffnung darauf, dass Russland der Welt nicht allein das Klirren von Panzerketten und die Bilder von Flüchtlingsströmen beschere, »sondern auch wieder Wärme und das Lächeln eines

Menschengesichts«. Mit 34 kam Gagarin bei einem Testflug zu Tode, ein Held bis zuletzt.

Es gab Kosmonauten, die auf ihre Reise Musik mitnahmen, aber zuletzt fast nur noch Kassetten mit Naturgeräuschen hörten: Donnergrollen, Regen, Vogelgesang. Andere hatten ein Gemüsebeet im All und züchteten Hafer, Erbsen, Rüben, Radieschen und Gurken, strichen mit der Handfläche beseligt über die frischen Pflänzchen oder empfanden tiefe Trauer, als Fische in einem Becken die Reise nicht überstanden. Am äußersten Ende der Exkursion zu den Grenzen des Erreichbaren, die wissenschaftlich-technologische Rationalität mit einer Meisterleistung krönend, entdeckten sie das Kreatürliche, das Spirituelle und das Moralische.

Alle diese Männer und Frauen sind Einzelgänger geblieben, auch weil die Politik ihren Traum von der bewahrten Schöpfung nicht mitgeträumt hat, und manchmal hat diese Politik gewaltsamen Einfluss selbst auf das Leben der Männer im All genommen.

Am 18. Mai 1991 wurde der erfahrene Kosmonaut Sergej Krikaljew in den Orbit geschossen, um die Raumstation »Mir« zu reparieren. Der 140 Tonnen schwere schwebende Metallkomplex hatte damals fünf Jahre Betriebszeit hinter sich, eigentlich das Alter, in dem die Station ihren Dienst einstellen sollte. Sie war zwar eine technische Meisterleistung, solide und robust, aber auch nicht übermäßig verfeinert. Denn während die Amerikaner immer nur Kurzaufenthalte im All absolvierten, umkreisten die russischen Kosmonauten die Erde oft monatelang. Dazu mussten sie geschlossene Kreisläufe aufbauen:

Strom aus Sonnenlicht, Wasser aus Urin, Ersatzteile aus Weltraumschrott gewinnen.

Gleichzeitig mehrten sich bis zuletzt die Pannen: Mal drohte ein Versorgungsschiff abzudriften, mal klemmte ein Segel, mal wäre zwei Kosmonauten fast der Wiedereinstieg in die Station misslungen, mal war ein Feuer ausgebrochen. Bereits wenige Jahre nach ihrer Entsendung war vom Ende der »Mir« die Rede.

Doch die Historie wollte es anders. Umworben von Weltraumagenturen aus der halben Welt, wurde das Symbol der russischen Leistungsfähigkeit zuletzt sogar das erste Zentrum für Weltraumtourismus, verdreifachte die Dauer seiner Betriebsjahre und wurde erst am 23. März 2001 über dem Pazifischen Ozean kontrolliert zum Absturz gebracht.

Als Sergej Krikaljew im Mai 1991 vom damals sowjetischen Raumfahrtzentrum in Baikonur, Kasachstan, zu einer Routinereparatur der vierhundert Kilometer über der Erde schwebenden Station ins All geschossen wurde, war Gorbatschow an der Macht, das Land ächzte unter Wirtschaftsreformen, und eine reformierte Verfassung sollte der Sowjetunion bald ein neues Gesicht geben.

Am 19. August aber wurde gegen Gorbatschow geputscht, der Sozialismus für gescheitert erklärt, die Sowjetunion zerfiel, die Kommunistische Partei löste sich auf. Krikaljew erfuhr all dies von Rundfunkamateuren, deren Funksprüche er zufällig auffing.

Vielleicht war er zu diesem Zeitpunkt auch bereits beunruhigt gewesen: Aus Gründen der Sparsamkeit war der Funksprechverkehr drastisch reduziert worden, und zuletzt fehlte in der Versorgung sogar der Honig, den sich Krikaljew so sehr gewünscht hatte. Er sei zu teuer geworden, wurde der Kosmonaut beschieden, und gehöre ja schließlich nicht zur Grundversorgung.

Während der Kosmonaut für ein Monatsgehalt von damals etwa 15 DM Geschichte schrieb, galoppierte zu seinen Füßen die Inflation, die Arbeitslosigkeit eskalierte, und was er am Wochenende in Telefonaten von den Lebensbedingungen seiner Frau und seiner Tochter sowie von den Verhältnissen in seiner alten Heimat erfahren konnte, wird Krikaljew nicht minder verstört haben. Regelmäßig ging seiner Frau Lena zum Monatsende das Geld aus. Per Funkspruch, den wiederum australische Amateurfunker auffingen, verurteilten Krikaljew und sein damaliger Kollege Artsebarski den Putsch gegen Gorbatschow als »verfassungswidrig« und kündigten einen Aufstand des russischen Volkes an.

An Krikaljews Rückkehr zum geplanten Termin im Oktober war schon deshalb nicht zu denken, weil die Republik Kasachstan in der Krise sogleich die Startgebühren für den Weltraumbahnhof Baikonur erhöhte. Die russische Weltraumbehörde reagierte, indem sie, um den Preis zu drücken, einen kasachischen Kosmonauten an Bord des Ablöseschiffs setzte. Der aber erwies sich als untrainiert und wurde, noch bevor er Krikaljew hätte ersetzen können, zurückbeordert, nachdem die Raumfahrtbehörde Glawkosmos ihre Pforten für immer geschlossen hatte. Immerhin gelang es im Oktober noch, wenigstens Artsebarski abzulösen.

Und so umrundete der überfällige, sogenannte »vergessene« Kosmonaut sechzehnmal am Tag, Monat für Monat, die Erde und wartete ab, bis sich die Herren am Boden über die Verantwortung und die Finanzierung seiner Rückreise geeinigt hätten.

Mit sechs Monaten Verspätung und nach 311 Tagen im All sollte Sergej Krikaljew am 23. März 1992 dann endlich auf den Heimatplaneten zurückkehren. Eine Woche zuvor sollte ich ihn mittels einer Satellitenschaltung für unser tägliches Interview-Magazin sprechen können. Der technische Aufwand war so erheblich wie der Preis, aber andererseits interessierte man sich im Augenblick des Interviews auf der Erde wirklich für wenige Menschen mehr als für jenen Sergej Krikaljew, der allen als Symbolfigur dieser in Umwälzung begriffenen Zeit galt.

Es handelte sich demnach um ein medial, technisch und finanziell besonders exponiertes Interview, das ich trotzdem guten Gewissens mit jener Allerweltsfrage beginnen konnte, die dieses eine Mal keine solche war. Die Antwort allerdings war auf eigene Weise verstörend.

»Guten Tag, Herr Krikaljew. Wie geht es Ihnen?«

»Ich höre Sie gut, und meinen Kollegen Wolkow wollen Sie nicht begrüßen?«

Himmel, Wolkow! Irgendjemand hatte von diesem zweiten Kosmonauten gesprochen, irgendwo war sein Name aufgetaucht, dem Nachfolger von Anatoli Artsebarski. Aber wer hatte je gesagt, wir würden Wolkow interviewen? Warum reparierte er nicht irgendwo im All ein Modul? Er war nun einmal nicht der Rekordhalter im Ins-All-geschossen-und-vergessen-Werden, er war der historische Zweite, und man stellt nicht für 60 000 DM eine

Bild- und Tonleitung in den Orbit her, um dank ihrer mit einem Zweiten zu sprechen.

Während ich also darüber nachdachte, was wohl passieren würde, wenn ich aus Höflichkeit auch nur eine einzige Mark an Wolkow verschwendete, begrüßte ich den Unseligen flüchtig und wiederholte: »Wie geht's?«

»Ganz normal«, erwiderte Krikaljew.

Kosmonauten sind in der Regel schweigsame Menschen, die sich rhetorisch auf das Nötigste beschränken. Aber »ganz normal« war in diesem Zusammenhang auch für einen Kosmonauten eine kühne Antwort, und der Raum rund um Krikaljews Worte schien mir ähnlich schwarz wie der Weltraum um die Station.

Der Kosmonaut Oleg Makarow hat einmal »den Beginn von Unterhaltungen« auf verschiedenen Weltraumflügen untersucht und festgestellt: Kein Kosmonaut konnte in die Umlaufbahn eintreten, ohne Ausdruck tiefer Freude. Makarow schließt an: »Diese emotionalen Ergüsse dauerten durchschnittlich 42 Sekunden.« Dann setzt auch die Beklemmung ein angesichts des dünnwandigen Geschosses, mit dem man durch den kalten Orbit rast.

»Ganz normal«, das heißt, in acht Minuten haben Sie die ganze Welt hinter sich, unter sich, in acht Minuten sind Sie in der scheinbar zeitlosen Atmosphäre des Weltraums, und Sie wissen, in zwanzig Minuten könnten Sie von der »Mir« zurück auf der Erde sein. Nichts in dieser Zeitempfindung korrespondiert mit Ihrer Außenwahrnehmung.

»Ganz normal«, das heißt, jemand rast mit 27 000 Kilometern in der Stunde durch den Raum und schwebt doch.

Der Widerspruch ist auch für den Betrachter kaum lösbar. Und wie ist es, mit dem Widerspruch, mit der eigenen Masse in eine Galaxie einzutreten, die ganz anders mit ihr verfährt, sie scheinbar aufhebt? Und wie ist es mit der Leuchtkraft der Erde, die strahlend wirkt wie nie zuvor, und der muffigen, von fahlem Licht befunzelten Kabine, in der die Kosmonauten sitzen? Wie ist es mit der Geschwindigkeit, die zurückgelegt wird, und dem völligen Schweigen, in dem sich das vollzieht?

»Ganz normal.« In zwei Tagen wurde der deutsche Kosmonaut Klaus-Dietrich Flade erwartet, mit dem Krikaljew dann die Rückreise antreten würde. Beim Gedanken an den deutschen Gast, den er von den Vorbereitungen in Russland kennt, wird der Kosmonaut häuslich, erklärt die Basisstation, wo sie essen und arbeiten: »Bevor wir Gäste empfangen, haben wir immer viel zu tun.«

Es gibt ein Trimmfahrrad, ein Laufband, einen Arbeits- und Esstisch, eine Schlafkabine, Bad und WC, es gibt eine Dusche, Musik- und Video-Einrichtungen …

Ich will von den Veränderungen erfahren.

»Jeden Tag und auch nach zehn Monaten verändert sich der Mensch.«

»Was ist Ihr Zeitvertreib?«

»Wir schauen meistens auf die Erde.«

»Und was sehen Sie?«

»Jeden Tag etwas Neues.«

Manchmal haben Kosmonauten überwältigt von den Sandstürmen über der Sahara gesprochen, von den Pyramiden von Gizeh, der roten Erde Chinas …

»Was fehlt?«

»Man hätte gerne mehr Kontakt zu den Freunden. Wir sind ja hier nur zu zweit.«

»Haben Sie keine Angst vor Pannen?«

»Nein. Wir widmen uns ja auch wissenschaftlichen Experimenten.«

Natürlich ist das weltweite Gerede von den Pannen auf der »Mir« nicht eben eine Kaufempfehlung. Was soll er also sagen? Etwa erzählen, dass vor Monaten Anatoli Artsebarskis Helmvisier beim Sichern der sowjetischen Flagge so stark beschlagen war, dass nur Krikaljew den Kollegen retten und in Sicherheit bringen konnte?

Aber wissenschaftliche Experimente? Erstaunlich, daran in dieser Situation zu denken. Was hatten die Fernsehzuschauer in aller Welt von den Experimenten auf der »Mir« in Erinnerung? Baumfrösche, die vergeblich die Schwerelosigkeit zu überhüpfen versuchten, Wachtelküken, die sich den Verhältnissen nicht assimilieren konnten und rasch starben? Zumindest der visualisierbare Part schien so überzeugend nicht. Stattdessen mehrten sich Stimmen, die in den Kosmonauten bessere Wartungsarbeiter sehen wollten, die eigentlich rund um die Uhr mit den technischen Gebrechen einer Station beschäftigt seien, die ihr Verfallsdatum lange überschritten habe.

Woher wussten die beiden von den politischen Veränderungen? Sie hatten Mitteilungen australischer Amateurfunker aufgefangen, und auch die Kontrollstation hatte ein paar Informationen beigesteuert. Und was wissen sie heute?

»Wir erfahren viel Neues«, sagt Krikaljew ganz ohne Ironie.

In ihrer freien Zeit blicken diese beiden auf die Erde, sehen täglich etwas Neues und müssen sich vorstellen, wie ihre Heimat, eine Weltmacht, unter ihnen zerbricht. Wie verhält sich der Respekt vor der Empfindlichkeit der Biosphäre zur Beobachtung der Empfindlichkeit politischer Systeme?

»Haben Sie keine Angst, die Versorgung könnte zusammenbrechen angesichts der veränderten politischen Verhältnisse?«

»Nein, Angst vor fehlender Luft haben wir nicht. Selbst wenn mal ein Versorgungsschiff ausfallen sollte, haben wir immer noch ausreichend Sauerstoff, um auf das nächste zu warten.«

Was für eine Situation, in der die politische Umwälzung zwei Menschen im Wortsinn die Luft abschnüren könnte! Er war sich dessen bewusst, auch wenn am Boden Interviews mit Funktionären erschienen samt der Parole »Wir lassen unsere Jungs nicht im Stich«. Hatte man sie nicht schon ein wenig im Stich gelassen? Hatte man nicht auch gelesen, Versorgungsschiffe blieben aus, und wer weint noch um den Raumhund Laika, die erste lebende Kreatur im Weltraum, die 1957 starb?

»Sind Sie noch Sozialist?«

»Ich bin Kosmonaut und verrichte meine Arbeit. Wir haben hier oben keine politische Partei, zu zweit. Das kann man erst sagen, wenn man auf der Erde ist.«

Zu zweit. In schwereloser Körpersprache verwies Krikaljew auf Wolkow. Ich ignoriere dies erneut, auch wenn dieser Wolkow inzwischen verhaltensauffällig agiert und bei Turnübungen angekommen ist.

Auf der Erde könnte Krikaljew erfahren, dass sein kommunistischer Parteiausweis inzwischen als illegales Dokument eingestuft wird, dessen Besitz ihn strafbar machen könnte, und dass Boris Jelzin Verhandlungen darüber aufgenommen hat, die »Mir« komplett an den alten Feind USA zu verkaufen. Vielleicht zeigen ja am Ende amerikanische Investoren mehr Ehrgeiz dabei, ihn auf die Erde zurückzuholen.

»Würden Sie es noch länger aushalten?«

»Na ja, die Grenze ist noch nicht erreicht, die physischen Möglichkeiten sind noch nicht erschöpft. Aber jetzt vielleicht mal eine Frage an Herrn Wolkow?«

Abgesehen davon, dass Krikaljew nur da, wo es um seine physischen Grenzen ging, nicht völlig überzeugend klang, konnte ich seine deutlichen Verweise auf Wolkow nun nicht länger ignorieren, und so bereitete ich mich auf eine Frage, irgendeine Frage an irgendeinen Kosmonauten namens Wolkow vor.

Dieser hatte übrigens zunächst, während Krikaljew sprach, mit einem Gegenstand gespielt, den er wie Gene Kellys Regenschirm in »Singin' in the Rain« kreisen ließ, sah dabei aber ganz ernst aus. Als ich mich nun endlich anschickte, Wolkow die Allerweltsfrage zu stellen, wie sie beide denn im Weltraum miteinander zurechtkämen, ob sie auch stritten, hatte sich Wolkow von der Kabinenwand abgestoßen und war hinter seinem Gegenstand her an den unteren Bildrand getaucht, ja, er drohte, mit dem Kopf das Bild zu verlassen, gerade im Augenblick, als ihn sein kaum noch erwarteter Fernsehruhm ereilen sollte.

Wolkow antwortete vernehmlich, nein, sie stritten selten: »Meist fallen unsere Meinungen zusammen.«

Dann ergänzte Krikaljew: »Mit Wolkow kann man gut im All sein«.

Zu diesem Satz trübte sich das Fernsehbild, bekam Schlieren, verschwand, das Testbild der Satellitenstation erschien, während der Ton noch für kurze Zeit hörbar blieb, dann war auch er weg, und das Gespräch hatte sein abruptes Ende erreicht.

Monate später konnte ich am Fernsehschirm verfolgen, wie ein völlig entkräfteter Sergej Krikaljew auf einer Bahre aus der Kapsel getragen wurde. Von Wolkows Landung war auch später nichts zu sehen.

Krikaljew wurde vielfach dekoriert, wurde »Held der Sowjetunion«, später »Held Russlands«, Offizier der Französischen Ehrenlegion und erhielt die NASA-Space-Flight-Medaille in den Jahren 1994 und 1998. Er war Teil der ersten russisch-amerikanischen Weltraummission, flog mit der »Discovery« und der »Endeavor« und ist heute einer der am höchsten geachteten Kosmonauten, er, den man früher einen besseren Weltraummechaniker nannte.

Doch irgendwie musste ich im Lauf der Zeit häufiger noch an Alexander Wolkow denken, den Zweitplatzierten, der selbst in einer historisch einzigartigen Situation auf der fernsehabgewandten Seite der Welt existieren sollte (und allenfalls darin der Erste war) und der im Augenblick, als ihn dieses Interesse doch streifte, das Bild zu verlassen drohte.

Und so sammelte ich denn Informationen über Alexander Wolkow, um mein Versagen vor seinem Schicksal zu korrigieren: 1948 geboren, zwei Kinder, sein Sohn Sergej ebenfalls Kosmonaut, aber noch ohne Weltraumflug; am 21. August 1998 ausgeschieden, nachdem er die Sojus-Mission 1985 als Forschungskosmonaut, die Sojus-TM-7-Mission als Kommandant und auch die Sojus-TM-13-Mission als Kommandant begleitet hat; mit drei Flügen und insgesamt 391 Tagen 11 Stunden und 52 Minuten auf Platz 12 der Liste für die Aufenthaltsdauer von Kosmonauten im Weltraum rangierend. Krikaljew liegt auf Platz vier.

Viel mehr war über ihn nicht zu erfahren. Ich hole mir noch einmal sein Bild vor Augen, das rotunde Gesicht, den weichen Mund, die seelenvollen Augen, die in die Finsternis des Raums gestarrt haben und feststellten, wie hell die Erde leuchtet, wenn man sie aus der tiefen Schwärze dieses Raums betrachtet.

Ich versuche, mir vorzustellen, wer er war, als er auf die Rakete zuging, die ihn in diese Situation katapultieren sollte, und tatsächlich finde ich endlich ein paar Sätze wörtlicher Rede von ihm, die ahnen lassen, was er erfuhr, und dass auch er einmal ein Erster war, als er auf seine Rakete zuging: »Wir gingen über die kasachische Steppe. Sie ist flach wie eine Tischplatte. Vor uns ragt über dem unglaublich klaren Horizont wie ein silberner Pfeil die startklare Rakete zum Himmel. Sie dampft. Weiße Dampfwolken umgeben ihren schönen Leib, der von einem Brautkleid aus Reif umhüllt ist. Sie wartet auf uns, und wir gehen zu ihr. Unsere Ersatzleute sind während der ganzen Zeit dabei. Sie scherzen; aber in ihren Augen spiegelt sich ein wenig das Missvergnügen. Sie haben sich auf den Flug vorbereitet, aber die einen werden zur Arbeit in den Kosmos geschickt, die anderen bleiben zurück. Sie müssen erneut auf ihre Stunde warten.«

Und jetzt, da ich weiß, dass er die Rakete mit Augen sehen konnte, wie ein Liebhaber die Geliebte, jetzt beginne ich zu glauben, dass seine Empfindlichkeit und der Mut, ihr Worte zu verleihen, stark genug sein könnten, die Erfahrung dieser größten Reise in Worte zu fassen, und stoße endlich auf das zweite und letzte Zitat aus dem Munde von Alexander Wolkow, Worten, in denen er den aufgehenden Tag aus dem Fenster seiner Raumstation beschreibt: »Man sieht, wie am Horizont zunächst Lichtstrahlen in seltsamen und kontrastierenden Farben aufsteigen. Danach werden auch die Wolken farbig. Sie bekommen eine rosa Tönung, und ihre gleichfalls rosafarbenen Gipfel sehen irgendwie wie Zauberpferde aus.«

»Zauberpferde« – mit ihnen spätestens ist Alexander Wolkow ins Bild zurückgetaucht.

Best Agers Reisen

Ich bin eingeladen, Ihnen zu sagen, wie sich das Reisen im Zustand des Best Agers verändert, und zunächst gestehe ich Ihnen: Was Sie vor sich sehen, ist ein Fünfzigjähriger, kein Best Ager. So nennt man ihn bloß, um ihm den Lebensabend schmackhaft zu machen, schonend, denn vielleicht ist er schon herzschwach. Sollten Sie ihn umwerben wollen, empfehle ich: Nennen Sie ihn anders, sonst glaubt er Ihnen so wenig, wie Ihnen ein Zwei-Zentner-Mann glauben würde, wenn Sie meinten, er hätte Pölsterchen oder Problemzonen. Nein, dass man seine »best ages« hinter sich hat, erkennt man daran, dass man »best ager« genannt wird.

Diese Feststellung ist für unser Thema nicht unerheblich, denn wären Sie mit fünfzig in Ihren besten Jahren, dann wären diese ja auch Ihre besten Jahre zum Reisen. Sind sie aber nicht. Stattdessen sind es die ersten Jahre, in denen die Reisenden Gefahr laufen, kurzatmig, schwitzend und rotgesichtig selbst vor der heimischen Bergwelt zu kapitulieren, im offenen Meer sicherheitshalber wieder den Korkgürtel anzulegen und den lokalen Speisen nur noch unter Zuhilfenahme von Laxativen gewachsen zu sein. Ja, und nicht wenigen kommt in dieser Zeit erstmalig die Idee, sich der Landoffensive namens Gruppenreise anzuschließen. Die könnte man guten Gewissens auch »behütetes Abenteuern« nennen.

Schließlich heißt der einzige Extremsport, dem der Reisende in diesem Zustand noch gewachsen ist, Sightseeing. Aber ist es nicht eigentlich antizyklisch, dass die Leute sich ihre Bildungsreisen für eine Zeit aufsparen, in der die Persönlichkeit eigentlich schon gebildet sein sollte – was bedeutet, dass man es eher unzivilisiert und roh in die Berufswelt und dann auf den Zenit schafft, um sich dort zu erinnern, dass das Leben doch noch andere Zielsetzungen haben sollte, schöne, reine, von interesselosem Wohlgefallen geleitete, sensible, wenn nicht künstlerische?

Erstaunlich, in welchem Alter sich der mündige Reisende zum Solidaritätstöpfern in der Toskana oder zu Clownskursen auf Sri Lanka entschließt. Könnte es also sein, dass sein Reisen in den best ages regressiv ist? Dass es an kindliche Formen des Spielens und Amüsierens wieder anschließt? Matschen im Ton, Clownsgesichter, Minigolf? Gewissermaßen als eine Berührung des Senilen mit dem Infantilen? Und von dort aus gleich in die Thalassokuren, das Ayurvedische Vollprogramm oder zum Heilfasten unter Mönchen, damit auch die innere Reise von viel Om und der strohfeuerartigen Entzündung am Spirituellen begleitet sei?

Nein, es muss für die Ferien des Best Agers etwas Besseres geben als die Fortsetzung der senilen Bettflucht mit anderen Mitteln. Es muss ein Reisen geben, das ihn meint, mehr als jeden Reisenden in anderen Lebensaltern. Das Reiseglück des Betagteren – worin besteht es? Wie soll es sein?

Frage ich mich selbst, der ich den Hunger auf fremde Landstriche und Situationen nie stillen kann, was hat sich in meinem Reisen denn wirklich geändert, so muss ich gestehen, ich spüre die Strapaze stärker, gewiss, ich werde ungeduldiger angesichts von Badezimmerarmaturen, die kein Mensch ohne akademische Lehrbefugnis durchschauen kann. Ich begreife es nicht, dass man vom Hotelbett aus keinen Lichtschalter finden kann und dass das Licht nicht die Stärke einer durchschnittlichen Leselampe hat, sondern eine Funzel ist, in deren Schein man nur sündigen kann, wenn man kann, aber sonst nichts. Ich stehe missmutig am Frühstücksbuffet und bediene die eisenschweren Orangensaftpressen, die gleich morgens den Heimwerker im Mann fordern und nichts hinterlassen als klebrige Suppe auf den Fingern, die sich nirgends abwischen lassen. Anders gesagt, ich bin ein Opfer des Komforts und verzogen von all dem Luxus, den man mir früher schon auf meinen Reisen unter die Füße breitete. Und ein wenig wehmütig blicke ich auf Zeiten, in denen ich hinter afrikanischen Bambuspalisaden schlief oder unter einem Laken in indonesischen Losmen glücklich war.

Und wenn ich vom Komfort absehe und auch einräume, dass ich mich an den Sehenswürdigkeiten eher abgearbeitet und erschöpft habe, dann habe ich wohl jetzt eher begonnen, mir vor meinen Reisen die Frage zu stellen, nach dem Blick, in dem ich ankommen werde – und immer reist man in einen Blick, das Versprechen einer Begegnung –, und vor allem frage ich mich heute, zu wem ich zurückkehre. Die Reisen eines Best Agers werfen demnach Fragen auf, die kein Reiseveranstalter beantworten kann, denn in diesem Alter reist man aus anderen Gründen, mit mehr Bedacht und schwererer seelischer Fracht.

Leicht fällt auf seinen Reisen dem Reisenden oft nur der erste Schritt, die Entscheidung für die Reise, die fiktive Ferne, den imaginierten Zustand eines Eintritts in die Fremde. Er folgt gewissermaßen einem Impuls, verschwinden zu wollen. Es ist, wie wenn man die Augen schließt und sagt: das blaue Meer, der grüne Wald, das ferne Dorf, so entstehen nur schöne Bilder. Doch angekommen, ist das Meer ergraut, der Wald schütter, das Dorf leblos – eine Best-Ager-Landschaft eben, geradezu störend real. Überall erschafft er sich Landschaften nach seinem Ebenbilde. Ähnlich leben die Reisenden in ihrem Alltag oft seltsam entfremdet von sich selbst, dringen in der Freude weder zur Freude noch zum eigenen Bedürfnis durch, verfangen sich in Fotografien, im eigenen Land, im Herkommen, in Analogien zum Bekannten, aber sie transzendieren nicht.

Man könnte auch sagen: Sein gesamtes berufliches Leben lang beschäftigt sich der Mensch mit seinen Aussichten, seinen und denen des Unternehmens, in dem er schafft. Nur an einer Stelle kommen ihm die Aussichten auch im Singular unter: als schöne Aussicht. Auch diese hat eigenen Wallungswert. Deshalb werden Gaststätten nach ihr benannt, mit Blick auf die Küste, die Bergkette, den Turm. Hier entfaltet sich die spezifische Verlegenheit des Touristen, das Drama des Reisenden, der feststellt, dass er von nichts bewegt wird, keinen Zweck seiner Reise finden kann und deshalb auch keinen des Arbeitslebens, das er ertrug, um sich diese Reise zu ermöglichen.

Doch der Besucher verlangsamt, hält inne und ernährt sich am Blick, der ihn selbst in Frage stellt. Die Aussicht sagt ihm, dass er die richtige Höhe, den richtigen Einfallswinkel gefunden hat und dass der große Auslagenarrangeur der Natur seine Hand eben erst aus der Dekoration gezogen hat. Sein Atem geht noch darüber. Eine Aussicht ist immer dann schön, wenn der Betrachter vor ihr klein wird. Sie ist erhaben, er eine Bagatelle. Deshalb hat die schöne Aussicht für den Best Ager in der Regel eine tiefere, auch symbolische Bedeutung, die sich dem Jungen noch nicht erschließt.

Drehen wir also den Spieß mal um und fragen nicht zuerst danach, wie ein Land, eine Gegend aussehen, wie ein Unterhaltungsprogramm gestaltet sein muss, die dem Fünfzigjährigen behagen, sondern fragen wir erst einmal danach, wer er ist, was er mitbringt und welche Motive ihn überhaupt leiten könnten zu reisen.

Schauen Sie nur in diesen Saal. Hier sitzen Zuhörende, Steuerzahler, Vollbeschäftigte, Väter, Mütter, doch hier sitzen auch lauter Länder. Sie alle hier im Saal sind behangen mit Fremde. Orte bestehen ja nicht allein aus Architektur, sie bestehen zu einem nicht geringen Teil aus der Erfahrung, die man an einem bestimmten Ort machen kann, und die Erfahrung teilt man mit allen, die dort waren, auch wenn sie längst den Ort gewechselt haben sollten. Dass er verreist war, das erkennt der Mensch an den unverwechselbaren, an einen Ort gebundenen Erfahrungen, die er nur dort machen konnte. Dieses Einzigartige ist es, was er sucht, denn die Begegnung mit dem Einzigartigen gibt ihm nicht zuletzt das Gefühl, selbst einzigartig zu sein, und was könnte kostbarer sein als solch ein Selbstgenuss.

Sehen Sie es so: Die Ferien, das ist die Zeit, in der auf den Menschen unausweichliche Selbstbegegnungen zukommen. Eine verlockende Vorstellung. Eine erschreckende auch. Gerade der sogenannte Best Ager ist – auf dem Zenit seines beruflichen Wirkens angekommen – gewohnt, sich über seine Leistungskraft, seine Effizienz und Effektivität zu bestimmen, er lebt in einer quantifizierten Welt der messbaren Erfolge und Zuwachsraten. In diese Welt transzendiert das Schöne, Kontemplative, Spirituelle nur sehr selten und oft allenfalls unwillentlich hinein.

Dann setzt man diesen Menschen vor die Aussicht, ans Meer, vor die Kirchenfassade und sagt: Nun genieß mal schön, und was findet er: sich selbst in einer wenig schmeichelhaften Form, sich als das Individuum, das mit unerzogener Wahrnehmungsempfindlichkeit, ungenutzten sensiblen Kräften, vielleicht kenntnisarm und ratlos dasitzt und sich nicht recht mag. Man kann nicht erwarten, dass er sein gesamtes geschäftliches Leben im Augenblick therapiert, da man es ihm nimmt und er drei Wochen Auszeit bekommt. Man kann es nicht erwarten, erwartet es aber, und so ist es die quasi religiöse Aufgabe von Reiseanbietern, ihm die Aussicht auf seine kommende Selbstbegegnung schmackhaft zu machen.

Das ist zugleich leichter und schwieriger als in den Zeiten des jugendlichen Reisens, als noch Sport und Abenteuer und Exotik im Vordergrund standen. Der Best Ager hat alles schon mal gesehen, oder er bildet es sich zumindest ein. Er ist auch nicht mehr so leicht steuerbar wie ein Youngster, hat bereits seine Marotten und Animositäten, misstraut dem Angebotenen ebenso sehr wie der eigenen

Begeisterungsfähigkeit, und der Druck seiner praktischen Existenz lastet schwerer auf ihm als ehemals. Seine Reisen sind mühsamer errungen und deshalb schwerer belastet, er reist fordernder, gereizter.

Für diesen Reisenden ist sein Ich Schicksal. Er entkommt ihm nicht, und das wird ihm niemals deutlicher bewusst als in den Ferien, wo die Zwecke wegfallen. Nicht umsonst, Sie kennen das, tönt es wie ein Refrain aus Gottfried Benns Reisegedicht:

Bahnhofsstraßen und Ruen,
Boulevards, Lidos, Laan –
Selbst auf den Fifth Avenuen
Fällt Sie die Leere an –

Diesen Anblick des eigenen leeren, wenn nicht hässlichen Ichs, muss man dem Reisenden ersparen, soll er glücklich reisen. Es geht also um nichts Geringeres als um den Versuch, das Massenschicksal des Hochleistungsarbeiters, der in die fremde Zone der Ferien eintritt, in ein Einzelschicksal zu verwandeln, ihn, nur ihn zu meinen, zu beantworten und in seinen Wünschen zu erkennen.

Doch wie soll ein Mensch noch persönliche Erfahrungen machen, da die meisten Dinge, die er erlebt, aus der Massenfabrikation stammen, von Massenmedien verarbeitet und massenhaft genossen werden? Er bricht ja förmlich zusammen unter all dem, was ihm die massenhafte Bilderproduktion aufbürdet. Er glaubt, fotogene Ferien machen zu müssen, glaubt, etwas mit Schauseite nach Hause apportieren zu müssen.

Eigentlich aber, und das ist unausweichlich, sind die Ferien die Zeit der Selbsterkundung. Es gilt also, dem Reisenden die Gelegenheit zu geben, ein Individuum zu sein, individuelle Erfahrungen zu machen und sich seiner Einzigartigkeit zu vergewissern. Keine kleine Aufgabe.

Einmal habe ich dem Versuch beigewohnt, das auf ganz laienhafte Weise zu lösen. Im tiefsten Dickicht des indonesischen Sulawesi, ehemals Celebes, oben im Toraja-Land, wo man einigen der erstaunlichsten Bestattungsriten der Erde beiwohnen konnte, begegnete mir auf einem Feldweg einmal eine Limousine. Ein Ufo hätte nicht fremder wirken können. Die Limousine hielt auch an, vermutlich weil der Anblick eines Weißen in diesen Breiten ungewöhnlich ist. Im Fond des klimatisierten Wagens lagerte ein amerikanischer Herzchirurg der mittleren Alters- und der obersten Einkommensstufe. Mäßig interessiert, aber mit sich selbst auf missvergnügte Weise zufrieden, ließ er sich in der einen Woche Jahresurlaub, die ihm geblieben war, von einem indonesischen Fahrer durchs Grüne fahren, wobei er den Schutz des Wagens selten verließ und auch Tempel lieber von außen und aus der Klimazone des Wagens heraus betrachtete.

In einem unbeobachteten Augenblick klagte mir der Fahrer sein Leid: Er bekomme kaum zu essen, Fleisch schon gar nicht, rauchen dürfe er nicht einmal im Freien, und die Absichten des Reisenden seien ihm undurchsichtig. Ebenso undurchsichtig war mir das Prinzip dieser Reise, das allem Charakteristischen eher aus dem Weg ging und alles andere bloß aus dem Schutz des Autos wahrnahm.

Als der Chirurg zurückkehrte, fragte er den Fahrer: »Was werden wir als Nächstes sehen?« Der Fahrer beschrieb einen Tempel, ohne dass der Chirurg besonders erwärmt wirkte, aber er schloss seine Beschreibung mit dem Zusatz »an unforgettable moment«, eine Wendung, die das Mienenspiel des Reisenden sofort versöhnte. »Und heute Abend?« »Wir werden den Sonnenuntergang am Berg Sowieso erleben, and this will be another unforgettable moment.«

Das, begriff ich, war das Prinzip der Reise: Von unforgettable moment zu unforgettable moment. Der Best Ager war fest im Griff des Chauffeurs, und dieser zog ihn am Nasenring, denn er hatte die Zauberformel gefunden, das größte Versprechen. Wer kann schon reisen und sich dem verschließen, was man den »unforgettable moment« nennt? Wer lebt überhaupt und will dem Strom der Erfahrungen nicht etwas entreißen, das »unforgettable« hieße, und womit ködert man wohl einen, den keine Sehenswürdigkeit, keine architektonische oder kulturhistorische Bedeutung schert? Damit, Unvergessliches zu erleben. Denn wenn man das Leben schon nicht verlängern kann, dann kann man es wenigstens vertiefen, und wie vertieft man es: indem man es intensiviert und Dinge türmt, die das Prädikat »unforgettable« tragen. Die Weisheit des indonesischen Fahrers für das Reisen des Best Agers lautet also: Schaffen Sie Unvergessliches, Einzigartiges. Nichts leichter als das?

Nicht ganz. Es gibt schließlich Orte, die Erinnerung herstellen, und darum geht es dem Reisenden, der in der zweiten Hälfte seines Lebens reist: Er möchte jene Erfahrungen sammeln, die ihn dereinst in die Bettlägrigkeit begleiten.

Aber es gibt auch Nicht-Orte, die nichts als Vergessen produzieren. Wir sehen der Wucherung solcher Nicht-Orte zu, die wenig mehr sind als Aufbewahrungsorte für Menschen, gesichtslose Stätten außerhalb der Erfahrbarkeit. Sie haben den Charakter des Transits. In ihnen kommt man nicht an, man passiert durch sie hindurch. Sie erlauben kein Flanieren, keine Betrachtung, sondern nur flüchtige Berührungen zur Orientierung.

Dass auch solche Orte dramatisch wirken können, will ich Ihnen wenigstens am Fall eines Ortes verdeutlichen, der sich einmal aus dem Geist der Libertinage und des Jetsets speiste und heute in der Verwaltung der Hinterlassenschaften dieser Vergangenheit ein grässlicher Ort geworden ist, ein Futterplatz für Best Ager, die sehen wollen, wie aussieht, was ehemals ein Treffpunkt der Jeunesse dorée war.

Von den meisten hässlichen Orten auf der Welt wird man sagen: Besser sie sind da als gar nichts. Anders bei Torremolinos, dem beliebten Badeort an der spanischen Costa del Sol. Sein Verschwinden würde das Gedächtnis der Menschheit erleichtern. Das macht ihn reizvoll.

Der kleine Ort, der einmal von Einzellern und Paarhufern besessen wurde, gehört heute der Schicksalsgemeinschaft internationaler Magenbrüter oder Pauschaltouristen und besteht aus Andenken mit Meerblick. Das Andenken ist ein billiger Bodendecker und hat das frühere Land inzwischen so vollkommen überzogen, dass zwischen lackiertem Plastik, buntem Blech und geflochttenem Folkloregeflügel nur ganz selten der frühere Boden aufblitzt. Der zu bestaunen wäre. Aber schon das Meer, das an die Andenken brandet, trägt wieder die trübe Farbe einer Sofastickerei.

Nach Torremolinos kommen Survivor aus aller Welt, um Andenken abzubauen. Kein Ort, von dem man sagen könnte: Hier war mal was, hier wurde Testosteron vergossen. Stattdessen erinnern uns die Hotelfassaden, die auf Polaroid erbrochenen Fischgerichte der Speisekarten, die hysterischen Rüschenrascheleien heranbalzender Flamenco-Metzen am Abend immer wieder an die gleiche pathetische menschliche Materialermüdung, Urlaub genannt. Und während der apokalyptische Reiter der Langeweile am wolkenlosen Himmel heraufzieht, in den Großküchen die Diarrhoe zu tausendfachem Leben erweckt wird und in Trillionen identischer Hotelzimmer gleichzeitig der Extremsport des ferialen Ehelebens aufgenommen wird, schleicht Homo erectus, der Mustertourist, hinaus, um sich ein Souvenir zuzulegen, das ihn an nichts erinnern wird als an den Kauf dieses einen Souvenirs, einem Schiffchen mit dem Namenszug des Käufers oder einem aufziehbaren Torero, der sich über den Boden bewegt wie die wandelnde Darmträgheit.

Ja, Torremolinos ist der einzige Ort, an dem die Souvenirs nur an sich selbst erinnern können. Denn der Name dieses Städtchens ist das Siegel auf der Summe des Verdrängten, und man kann sicher sein, dass überall auf der Welt Verbrechen begangen werden, nur weil sich die Berührung mit diesem Trauma von einem Ort irgendwann gewaltsam einen Weg nach außen schaffte und sich diese Vergangenheit nur im Amok bewältigen ließ.

In solchen Orten organisiert sich, was wir das Erleben nennen. Die tiefere Form der Aneignung aber, die Anverwandlung und Durcharbeitung, das ist das Erfahren, und der Reisende sucht in seinen besten Jahren am ehesten Erfahrungen. Das bedeutet auch, er ist bereit, ein anderes Zeitmaß zu wählen, gelassener, betrachtender, den Augenblick wertschätzender zu reisen.

Im Grunde ist, was der indonesische Fahrer den »unforgettable moment« nannte, geschicktes, also infames Marketing, denn zu dem Schauplatz, den er anbietet, gibt er gleich das passende Gefühl hinzu, und wer traut sich jetzt noch, den Sonnenuntergang über den Reisfeldern »forgettable« zu finden oder, wie wir sagen würden, zu finden, »den Sonnenuntergang kannste echt vergessen«?

Geschickt ist dieses Marketing auch, weil es auf eine Sehnsucht antwortet, die in jedem Reisenden schlummert: Er möchte dem Original begegnen, er möchte erstmalig und einzigartig erleben, und das ist nicht nur ein Spurenelement aus der Geschäftswelt. Es entspricht der Hoffnung, dass hinter allen reproduzierten, telegenen, virtuellen oder sonst künstlichen Erfahrungen etwas Unmittelbares, erschütternd Ursprüngliches sei.

Zum Beispiel: In der zweiten Hälfte des 19. Jahrhunderts reist der manchmal etwas grämlich wirkende österreichische Dichter Franz Grillparzer zum ersten Mal in seinem Leben an die Adria, mehr noch, er tritt zum ersten Mal in seinem Leben vor das Meer, und er implodiert. Wir Nachgeborenen aber sitzen da und halten den Atem an, weil wir wissen wollen, welche sprachliche Fassung er dem ersten Erfahren des Meeres gibt. Und was also schreibt Grillparzer vor dem ersten Anblick des Meeres: »So hatte ich's mir nicht vorgestellt.« Basta. Weder wissen wir, welches innere Bild des Meeres das war, was die Realität des Meeres da auslöschte, noch wissen wir, wie sich die Adria an diesem Tag wirklich zeigte. Aber eines ist sicher: Hinter dem glanzlosen kleinen Satz baut sich eine geradezu erhabene vorsprachliche Erfahrung auf, und in dieser hat auch Best Agers Reisen sein schönstes Ziel.

Will man ihn dorthin führen, will man ihm die Reise versprechen, die solche Dinge verheißt, dann braucht man eine Sprechform jenseits klassischer Werbeslogans. Es müsste sich um eine quasi literarische Sprache handeln mit der Fähigkeit, Informationen in Erfahrung umzusetzen, eine Sprache mit der Tugend, nicht den Slogan, nicht den Effekt zu produzieren, sondern im Gegenteil: Wirkung. Es müsste sich die Vorstellung eines leiseren, vielleicht unscheinbareren, vielleicht innerlicheren Reisens so artikulieren, dass diese Existenzform regelrecht erfahrbar wird.

Der französische Poetologe Roger Callois hat ein ebenso einfaches wie sentimentales Beispiel gefunden, um zu begründen, was das literarische Sprechen in dieser Hinsicht, als Vermittlung, ja als Manipulation von Erfahrung, so wertvoll macht – im existenziellen wie im ökonomischen Sinne. Sehen Sie mir bitte für einen Augenblick die Rührseligkeit der Geschichte nach. Auf einer Brücke, erzählt Callois, saß ein Bettler, vor sich einen Hut und ein Schild mit der Aufschrift »Blind«. Die Passanten strömten vorbei, kaum einer ließ eine Münze in den Hut fallen. Da rief der Bettler einen an, der gerade vorüberschlich. »Ich kann dir auch nichts geben, denn ich bin Dichter«, sagte der Vorbeieilende, »aber ich kann etwas für dich tun, das vielleicht wertvoller ist.« Er nahm das Schild, drehte es um, schrieb ein paar Worte auf die Rückseite und plötzlich warfen die Passanten kleine und größere Münzen in den Hut. Spätestens an dieser Stelle, ich weiß es, habe ich Ihre ganze Aufmerksamkeit. Der Blinde ruft den Dichter heran: »Was hast du auf das Schild geschrieben?« Der Dichter nimmt das Schild auf und liest laut: »Der Frühling wird kommen, und ich werde ihn nicht sehen.«

Auf verwandte Weise kann man sagen: Den Best Ager erreicht man nicht mit dem Inhaltsverzeichnis der Sehenswürdigkeiten eines Ortes. Man muss ihm die Schauplätze erfahrbar, muss einen Weg finden, sie innerlich zu machen. Der jugendliche Reisende verlässt sich noch darauf, dass er etwas gesehen haben muss und dass sich an diesem Ort die Erregung schon einstellen wird. Der Best Ager ist schon zu verlebt, zu oft enttäuscht worden. Er möchte mit seinen Reisen einen Erfahrungsraum betreten, den man ihm ausmalen muss.

Im Alter des Best Agers nimmt die Qualität des Staunens ab. Von ihm ist spontan eher Interesse zu erwarten als Begeisterung, aber seine Sehnsucht nach Begeisterung ist groß. Denn in ihr verjüngt er sich und nimmt noch einmal die Gestalt dessen an, der er war. Was immer eine Reise ihm sein kann, zuerst muss der Reisende sich selbst gefallen. Dazu ist die Fremde da, dazu wird sie verarbeitet. Wenn sie nichts als Vergessen produziert, wenn sie Verlegenheit schafft, Ratlosigkeit, Kälte, dann ist sie gescheitert, so prachtvoll ihre Szenarien auch sein mögen.

Eigentlich müsste man also Best-Agers-Orte schaffen, Reiseziele, die sich an die erfahrenen Reisenden wenden, die schon viel gesehen haben und für die Bizarrerien von Orten jenseits der Postkartenschönheit sensibilisierbar sind. Ich führe Sie mal gerade an einen solchen Ort:

Bevor die Welt endet, seufzt sie und macht ein Bäuerchen in Blau. Touristen nennen das eine »seismische Aktivität«, das andere einen »Geysir«. Sie schauen gebannt hin, legen sich in schweflige Pfützen und versprechen sich ewige Jugend.

Besser, man lässt sie liegen, das isländische Zentralmassiv hinter sich und die Reiseführer auch, in denen das Ende der Welt gar nicht mehr vorkommt. Aus dem Rückfenster kann man noch zusehen, wie sich die Landschaft südöstlich zu Hochgebirgen türmt oder zu Kleinstädten streckt, dann schlängelt sich die Straße auf den Orchideenhals der nordwestlichen Landzunge zu. Die Formationen des Himmels kehren am Boden wieder, zwischen den Hügellinien der weiblichen und der männlichen Berge, im Lavagestein und in den Moosbetten. Die isländischen Dörfer sind wie manche Mikroorganismen, die kurz blühen und lange dämmern. Jetzt treibt der Wind das Sprühwasser den Wasserfall hoch, und Menschen sehen aus den Häusern mit Gesichtern, wie vom Schnee oder von den langen Nächten gebleicht. Selbst über der Sommerlandschaft liegt noch die Schläfrigkeit eines schweren Winters.

Wenn man in einen Gastraum tritt, heben sich ein paar

dieser eisgefrorenen Gesichter von einem fremdartigen Brettspiel, alle schweigen für einen Augenblick, dann kommt auf wollbestrumpften Haxen eine Bedienerin herbei und legt einem vierhundert Polaroids in einem Album vor. Hier können Sie sehen, wie aus einer Baustelle ein solcher Gastraum wurde. Sie sagt das ernst, gefeit vor der Unart der Freundlichkeit. Dann staunt man pflichtschuldigst, isst ein hart gekochtes Ei und überlässt die Anwesenden ihrer Erinnerung. Kaum um die Ecke, ist man selbst eine.

Die Straße gehorcht der Willkür der Fjorde, die sich unpraktisch tief in das Land fressen. Man fährt lange. Mal kommt ein Schaf um die Ecke, mal niemand. Die Natur beansprucht ältere Rechte als die Zivilisation. In aller Ruhe bewegt man sich rückwärts durch die Evolution, in einen Zustand, da alles noch aus Eis, Feuer, Wasser, Asche, Sand und Magma bestand. In den Buchten rosten die Hafeninstallationen, der Verputz schimmelt von den Wänden, die Kinder stehen verstockt und glotzen auf die leeren Straßen.

Isafjödur liegt am Ende aller Straßen, am Ende aller Fjorde. Dies ist keine Stadt, es ist eine Ablagerung, konstruiert aus Dingen, die das Eismeer angespült hat. Kaum einer merkt, dass hier die Welt zu Ende ist, denn kaum einer kommt hierher. Mal ein paar Handelsreisende, die im einzigen Hotel »Continental Breakfast« verschlingen und dann nicht weiterwissen. Sogar eine blonde Touristin soll hier wochenlang klaglos gewohnt haben. Nach ihrer Abreise mietete sich ein Sonderling aus dem Ort für eine Nacht in ihrem Hotelzimmer ein und wurde gefunden, wie er sich gegen den Duschvorhang presste, der nur einen Tag zuvor noch an ihrem blonden Körper geklebt haben musste.

Es gibt ein Postamt hier, in dem sich vierschrötige Frauen von der Gummierung der Briefmarken ernähren. Sie sind sehr ernst und stellen nur ungern Telefonverbindungen zum Kontinent her. »Telefon« heißt »Simi«, also »Draht«, so wie »Fernsehen« »Sjonvarp« heißt, der »Bildrausschicker«. Es ist, als würde die Technik in das Vokabular des frühen Werkzeuggebrauchs übersetzt. Auch einen kleinen Flughafen gibt es hier. In verschiedenen Tourpaketen bietet er vor allem Strecken nach Norden an, ins ewige Eis, nach Grönland, ins Nichts.

Tagsüber ist Isafjödur ein wunderlicher kleiner Ort voller scheuer Individuen, die mit einer Forke oder einer Plastiktüte lange Strecken zurücklegen, nie stehen bleiben und zu Dorftrotteln ein wohlwollendes Verhältnis pflegen. Gegen Abend wird im einzigen Kino irgendein Film aus dem fernen Ausland gezeigt. Der Ton dringt bis auf die Straße. Die Anlieger öffnen sogar die Fenster, lehnen sich hinaus, blicken auf die Außenwand des Kinos und hören zu. Nach der Vorstellung ist es immer noch hell, aber menschenleer. Auch am Wochenende tritt um 22 Uhr schon restlose Stille ein. Hoher Himmel. Ockergrau. Nur die Leinen schlagen im Wind gegen die Fahnenmasten. Auf dem Friedhof stehen die Kindergräber wie Kinderbetten aus Holz oder Stein, eingefriedet, wie um die Kleinen zurück in den Schutz ihres Schlafes zu holen.

Tritt man aber eine Stunde später wieder auf die

Straße: Proppenvoll ist sie, Motorräder lassen die Motoren aufheulen, sogar ein Jahrmarktsgerät wurde heimlich am Platz errichtet, eine blauschwarze Überschlagsschaukel nämlich, die die Getränke im Bauch der Fahrgäste zu Cocktails schüttelt, denn getrunken wird jetzt bis in die dunkelblaue Rammdösigkeit hinein, und erst im Morgengrauen – aber wann ist das, wo es doch immerzu graut? – kreiseln sie alle heim. Dann stellt der Ort sich tot.

Anderntags ziehen sie erst in den frühen Nachmittagsstunden die Vorhänge auf, und der Blick geht wieder hinüber ins Nichts. Wie jeden Tag. Ein Bretterzaun noch, ein Blumenbeet, dahinter die Mole, rostige Kähne, die einen Blend aus Algengeruch und fauligem Fisch ausschwitzen. Drei Straßenzüge vielleicht, blätternde Fassaden, Blümchenrabatten, dann kapituliert der Ort, und der Blick wird frei: Da liegen die Buckel Grönlands. Kein Strauch, keine Straße. Eine Meerenge, kristallkalt, die Hügel gegenüber Schemen bloß. In ihren Schneetälern Tiere in Weiß, im Blau ihres Wassers Fische in Blau.

In Isafjödur ist endlich Schluss mit der Welt. Jeden Tag tut sie hier ihren letzten Atemzug und suggeriert dem Besucher, dass auch er endlich verschwinden solle. Aber für immer.

Sehen Sie: Wenn man will, kann man den Kanon der reisefähigen Orte sogar erweitern, man kann ihn bereichern um das Skurrile, allein Atmosphärische. Man kann Wege finden, dem Innenleben des Reisewilligen neue Kontinente des Gefühls zu erschließen, die zwar nicht dem gleißenden C-Dur-Dreiklang der Prospekte entsprechen mögen, aber inniger zum Erfahrungshunger des

Reisenden passen. Man kann diese Orte sogar so beschreiben, dass sie sich den Stimmungen, dem Innenleben des abgehärteten Reisenden freundlich anschmiegen.

Der Best Ager kann nicht mehr so leicht wie der Jüngere die Dinge zum ersten Mal machen. Der Weg zum Original, zum Urbild einer Begegnung ist weit, aber zugleich sehnsüchtig. Denn das soll man nicht unterschätzen: Wir alle bereisen auch immer unsere Erinnerung, und je älter wir werden, desto eher wollen wir die Plätze und die Erregungen wiederfinden, die wir in uns mitführen. Deshalb wird der Best Ager dauernd finden, dass es nicht mehr ist, wie es mal war. Er hat eine ganz andere Projektionsfläche für sein Reisen als der Youngster, denn am liebsten möchte er sich selbst wieder erleben in der Form seines ersten Reisens und Staunens.

In mancher Hinsicht reist er also selbstgerechter, auch egoistischer als der jüngere Reisende. Er hat das Geld und zugleich gelernt, dass er fordern darf. Wenn er vom Preis-Leistungs-Verhältnis spricht, simuliert er den Hochleistungsreisenden, den professionellen Urlauber, der noch im Augenblick, da das Flugzeug abstürzt, fragt: Was haben wir für diesen Flug bezahlt?

Oscar Wilde sagte mal: »Die Leute kennen heute den Preis von allem und den Wert von nichts.« Und in der Tat ist das bekannte »Preis-Leistungs-Verhältnis« ein hässlicher Ausdruck, der unterstellt, all das Unwägbare, was wir Schönheit, Kultur, Erfahrung etc. nennen, sei Resultat einer Leistung, sei messbar und käuflich. Dabei müssen wir uns vergewissern, dass die besten Dinge auf einer Reise unbezahlbar bleiben und dass wir auf diese auch keinerlei Anspruch erheben können. Sie sind kaum organisierbar, sie stellen sich ein, und allenfalls kann man ihnen den Boden bereiten durch eine Qualität des Blicks, eine Aufnahmebereitschaft. Es ist nicht leicht: Der Reisende kennt aus seinem beruflichen Leben nur das Knowhow und steht plötzlich fassungslos vor der Frage des Know-why.

Der Best Ager ist anders als der jüngere Reisende weniger flexibel in Fragen des Komforts wie des Umgangs mit der Fremde und ihren kulturellen Gegebenheiten, und wo der Jüngere sich in Unschuld, wenn nicht Naivität, an das Fremde verliert, sieht der Best Ager eher auf sich selbst. Den Jüngeren prägen keine Erinnerungen und keine Momentaufnahmen aus der Vergangenheit der Orte. Der Ältere dagegen blickt eher geschichtlich. Ihn begleiten diese Länder schon länger, er weiß fatalerweise, wie sie waren, und möchte eigentlich seine Ferienorte in einem intakten, quasi vorindustriellen Zustand finden, der seiner eigenen Vergangenheit entspricht. Darum sucht er gerne die Altstadt auf, das Centro storico, die musealen, vom Atem der Geschichte kaum umgeformten Orte, während die Stadtränder doch oft die spezifischeren Räume sind. Für den Jüngeren dagegen ist das Historische ein Wert unter anderen, und gewiss nicht einmal der wichtigste.

Blicken wir noch einmal in diesen Raum, von dem ich sagte, dass er voller Reisender sei. In Ihnen allen manifestieren sich die Länder, die Sie bereist, die Städte, die Sie erlaufen, die Landschaften, die Sie durchquert, die Transportmittel, die Sie bestiegen, die Speisen, die Sie genossen und die Sie erlitten haben. Sie sind dauernd Reisende durch Ihre Innenwelt wie durch den Kosmos, durch den Sie sich mit über 108 000 Kilometer pro Stunde bewegen, aus dem Mutterleib wie durch die Stadt, und alle Reisen assoziieren einander.

Als Reisende sind Sie Auf-dem-Weg-Seiende, immerzu, Ihr Reisen ist zielgerichtet, beherrscht vom Bild des Ankommens. Es stellt sich also die Frage, wie viel Bewusstsein Sie, also wir alle, vom Prozess des Reisens haben, wie viele Bilder wir zulassen, die uns sagen, dass wir unbehaust und unterwegs oder auf der Flucht sind.

Der Urlaubsreisende hat zu dieser Bewegung abrupt ein anderes Verhältnis. Er blickt aus dem Fenster, er sucht die Landschaft ab nach Erträgen für seine Sensibilität, er genießt endlich die Bewegung in der Bewegung. Diese Bewegung aber verwandelt leicht Orte in Nicht-Orte. Paul Valéry hat einmal gesagt: »Auch ein Wolkenkratzer ist schön, aber mit der Geschwindigkeit eines Reisezuges betrachtet.« Verstehen Sie, das Tempo unserer Bewegung gibt die Intensität unseres Blicks vor. Eine Bürohausfassade lädt nicht zur Betrachtung ein, sie will zwischen zwei Wimpernschlägen aufgefasst werden. Eine gotische Kathedrale dagegen ist in demselben Zeitmaß nicht zu begreifen. Was der Reisende möchte, ist ankommen, und das selbst in der Bewegung. Er will, dass sein Leben kurzweilig sei, aber voller Erfahrung.

Nun ließe sich das Drama solcher Flüchtigkeit und Gestaltlosigkeit noch in einen Reiz eigener Art ummünzen. Bedenklicher ist es da schon, wenn es weniger der Ort oder die Wahrnehmungsgeschwindigkeit sind, sondern wenn es vielmehr der Blick ist, der so kontaminiert ist von Überdruss, Langeweile, Verlegenheit, Ratlosigkeit, dass er nichts mehr sieht.

Ich habe mich mal, als ich an einem Dumont-Kunstreiseführer über die Marken schrieb, mit der Geschichte der italienischen Reiseliteratur beschäftigen müssen. Ich mochte an der adriatischen Küste einen Ort besonders gern, der Fano heißt. Also studierte ich, wie die Reisenden der vergangenen Jahrhunderte sich Fano angeeignet hatten. Der erste Reisebericht, noch aus dem 17. Jahrhundert, sagte nicht viel über Bauwerke und Sehenswürdigkeiten. Doch an einer Stelle begibt sich der Verfasser ans Meer und zieht ein Seepferdchen heraus: »Anmutiges Schauspiel der Natur«, schreibt der Verfasser und schließt einen empfindsamen Exkurs über Seepferdchen an. Über Fano erfahren wir nicht mehr.

Ein paar Jahrzehnte später kommt wieder ein literarischer Reisender nach Fano. Die Stadt scheint ihn ratlos zu lassen, denn wir erfahren nicht viel von ihr. Aber schnurstracks bewegt er sich auf den Ozean zu und zieht ein Seepferdchen heraus. Und, Sie können es sich denken, zweihundert Jahre lang gehen von nun an, kaum in Fano angekommen, die Adria-Reisenden mit pawlow'schem Reflex ans Meer und ziehen Seepferdchen heraus, was uns erstens erklärt, warum es heute keine Seepferdchen mehr bei Fano gibt, zweitens aber die Frage aufwirft: Da sie doch alle in Fano waren, was haben sie denn wirklich gesehen?

Raymond Chandler hat mal von den Gangstern gesagt: »Das Kino hat sie alle gleichgemacht.« Das Gleiche gilt von den Orten unter dem Blick der Reiseliteratur und später der Tourismusprospekte. Sie fräsen die immer gleichen Fahrspuren immer tiefer ein, sie wiederholen das Beliebige so lange, bis es zum Charakteristikum wird, und warum? Weil sie dem Trauma jedes Reisenden begegnen möchten, dem Trauma, nichts zu erleben, nichts zu erfahren, nichts zu sehen und sich an nichts erinnern zu können. Der Reisende weicht dieser Erfahrung aus, die ihm sagt, dass er nicht nur nicht anwesend ist, sondern dass er nicht lebt.

Um nichts Geringeres geht es: Der Reisende jeden Alters nennt eine Reise gelungen, wenn sie ihm sein eigenes Lebensgefühl schmackhaft machen konnte, wenn sie seine Vitalität zum Vorschein gebracht hat, wenn sie seiner Erfahrung zur Expansion verholfen hat, wenn sie das Ich-Gebilde des Reisenden steigern, wenn sie die Scheuern der Erinnerungsbilder füllen konnte, wenn sie seine Anhänglichkeit an die Welt gestärkt und das Gefühl für ihre Schönheit vertieft und gefestigt hat. Wenn sie das schafft, dann ist auch der Unterschied zwischen dem jungen und dem nicht mehr jungen Reisenden passé, und sie beide verbinden sich in dem Gefühl, dass zu reisen, den Jungen reifer, den Älteren jugendlicher macht, wenn sie nur beide im Reisen erkennen, was es sein kann: nämlich ein Fest fürs Leben.

Die Melancholie des Heimkehrers

Und dann kommt der Moment umzukehren, »nach Hause«, sagt der Heimkehrer. Erst in diesem Augenblick erfasst ihn eine genauere Vorstellung von dem, was das sein könnte: ein Geschmack der Luft, ein Staub zwischen den Mauern, eine Nüchternheit, der Pragmatismus im Verhältnis der Menschen untereinander. »Heim« ist weniger pathetisch als »Heimat«. Deshalb spricht man ja auch vom »Heimkehren«, nicht vom »Heimatkehren«. Schon eher wird gesagt, dass man der Heimat den Rücken kehrt. Komisch, dieses »Kehren«. Menschen, die freiwillig aus dem Leben gehen, nennt man im Österreichischen jedenfalls »Die-sich-Heimdrehenden«.

Die Heimat stellt man sich gerne als ein sentimentales Massiv vor, vorindustriell, voller sanfter Hügelrücken, blauer Flusstäler und rotwangiger Kinder. Zu schweigen von den Bäuerinnen, den Sennerinnen, den Friseurinnen. Ja, wie hat Helmut Kohl ehemals gesagt: »Die Frau gibt Heimat. Das ist ein ganz wichtiger Punkt.« Sie gibt auch, wie wir ebenfalls von Kohl wissen, Heimaten.

Wer also nicht die große diffuse Heimat im Blick hat und gleich ein Orchester anwirft, nur weil er wieder in die Landschaft seines Herkommens eintritt, wer also schlicht heimkehrt, der weiß, dass ihn daheim auch Baumärkte und Autobahnbrücken empfangen, Strafzettel, »Personalführung« und FDP-Wahlplakate. Das Heimkehren beschreibt also auch eine Reise in die Ernüchterung, und in den Witzen ist die Situation des Heimkehrers die eines Mannes, der seine Frau mit dem Freund oder mit dem Briefträger im Bett findet. In flagranti.

Ja, trotz der Wehmut, die ihn umgibt, hat der Heimkehrer das Zeug auch zum komischen Typ. Irgendwie aus der Welt gefallen ist er, verwildert und nicht auf dem neuesten Stand. Doch zugleich stöhnt er auf angesichts der Gewissheit, dass jetzt wieder alles von vorne losgeht und dass er auch sein altes, schales Selbst wiederfinden wird, seine Filialexistenz als Berufstätiger, Steuerzahler, Bezugsberechtigter, Pflegebefohlener. Ach, da wartet es schon, das hässliche bürokratische Ich, auf dem Schnittpunkt aller Ansprüche wartet es, das Ich namens Empfänger, Dienstleister, Konsument, Zielgruppe, Leistungsträger. Das will jetzt alles wieder adoptiert werden. Wie soll sich der Heimkehrer also ohne Seufzen wieder vor das Geschirr seines Lebens spannen? Wie soll er nicht in die Zeit jenseits seines Jahresurlaubs eintreten, ohne sich reif für genau diesen zu empfinden?

Doch wohlgemerkt ist ja auch die Ferienzeit eine Strapaze eigener Art. Auch die freie Selbstbestimmung will schließlich gemeistert werden, und kein Kinkerlitzchen ist es, der zwecklosen Zeit der Erholung gewachsen zu sein, dieser ganzen Hochgeschwindigkeitsentspannung, diesem effektiven Nichtstun. So betrachtet, stellt sich mit dem Eintritt in die Welt der Arbeit auch eine Erholung ein. Wer effizient sein muss, hat keine Zeit für »transzendentale Obdachlosigkeit«. Zwischen Ferien- und Arbeitszeit bewegt sich der Heimkehrer also in einem Zwischenreich und kennt sich in der Gemengelage widersprüchlicher Gefühle oft kaum aus. Zu kurz ist im Jahr die Frist, in der er so zwischen dem Nicht-Mehr und dem Noch-Nicht hängt. Also geht er in die Badewanne. Mäht den Rasen. Küsst seine Frau. Er sucht seine Spur, eine Schiene, tut es orientierungslos.

Wird er erhört? Wird er beantwortet? Fragt jemand nach dem, was hinter ihm liegt, nach seinen Ferienerlebnissen? Träumt jemand seine Träume mit ihm? Ach was! Niemand will Diavorträge, niemand will sich einen Heimabend antun, bei dem der Gastgeber vor der Leinwand steht und an den Grenzen des Unsagbaren herumtorkelt: Es war unbeschreiblich! Es war der Wahnsinn! Die Einheimischen sind so gastfreundlich! Wir haben so gelacht!

Nein, der Mensch im Zustand des Transit ist eine unfeste, haltlose, manchmal verwunschene Figur. Nicht umsonst beginnt 1819 die Geschichte der US-amerikanischen Kurzgeschichte mit Washington Irvings Erzählung vom Heimkehrer Rip van Winkle, der in der englischen Kolonialzeit bei New York in einen Schlaf fällt, zwanzig Jahre später in den Vereinigten Staaten aufwacht und bei seiner Heimkehr fast nichts mehr vorfindet, wie es war. Rip heißt der Mann, vermutlich weil das die Abkürzung für »Rest in peace« ist. Friedlich war nur sein Schlaf, seine Heimkehr dagegen ist ein herbes Erwachen.

Doch wann wäre es den Heimkehrern je anders ergangen? In der zweiten Hälfte des 19. Jahrhunderts reisen sie bereits wieder zurück, die Ersten, die ehemals euphorisch in die USA ausgewandert waren. »Der Amerikamüde«

heißt dieser Typus bei Ferdinand Kürnberger, er taucht sogar bei Gottfried Keller auf, und auch Schriftsteller wie Robert Müller oder Knut Hamsun sind aus einem abenteuerlichen Leben in den USA in das alte Europa heimgekehrt, enttäuscht und erschöpft von der hohen Kommerzialität der Neuen Welt, die sie schon damals mit diesen Begriffen beklagten.

Und was hätte der Vater aller Heimkehrer, Odysseus, bei seiner Ankunft vorgefunden, das ihm nicht schaurig erschienen wäre: eine womöglich untreue Frau, wertlose Freunde und Nutznießer, Dekadents und Sittenstrolche. Einzig eine Magd war es, die ihn an einer Narbe erkannte! Das Heimkehren birgt nun einmal die Gefahr einer Desillusion, die umso schlimmer ist, wenn die Abwesenheit lang, erzwungen und voller Träume war.

Den deutschen Heimkehrern aus Krieg und Gefangenschaft ist es oft verwandt ergangen, als sie wieder in ein Deutschland eintraten, das materiell wie moralisch in Ruinen lag. Einmal habe ich einen solchen gesprochen, der, 1948 aus einem Gefangenenlager in Murmansk kommend, endlich in seine süddeutsche Heimat zurückkehrte. Er sagte: »... da sind wir über die Grenze, und ich hab gedacht: die Heimat ... Aber da war ja nichts, kein freundlicher Blick, gar nichts ...« »Doch wie sind Sie dann zu Hause empfangen worden?« Er machte eine lange Pause, stierte vor sich hin. »Da war in meiner Straße ein Jüngerer, der hat gesehen, wie ich ankam, wie ich vor dem Haus stand« – während er sprach, füllten sich seine Augen mit Tränen – »das erzählt er mir heute noch, wie er mich beobachtet hat, wie ich heimkam, mit meiner Steppjacke, gell.« »Und der Empfang?«, wollte ich wissen. »Wie ich da gestanden habe«, setzte er hinzu, »vor dem Haus, das beschreibt der mir heute noch.« Und mehr kam nicht.

Doch selbst wenn der Heimkehrer keine Schlachtfelder, keine Lager, sondern nur das Reiseland hinter sich lässt, befindet er sich oft noch für eine Zeit in jener gespenstischen Übergangszone. Von hier aus betrachtet, erscheint das Heimatliche nicht vertrauter als das Ferne, wird es doch von einem Blick getroffen, den die Fremde geformt hat. In den Siebzigern war ich zugegen, als ein Hippie nach einem Jahr in Indien und Afghanistan in die spießige Mietswohnung seiner Eltern trat, die Wände fassungslos musterte, von Zimmer zu Zimmer schritt und immer nur sagte: »So lebt ihr also, so lebt ihr also.« Und nichts hielt stand.

Manchmal konnte man diesem Typus in Asien auch in den Hotels der niedrigsten Kategorie begegnen, wo solche »Traveller« nach Jahren in der Fremde nur noch in den Lobbys lungerten, unfähig, noch mehr Fremde zu schultern, aber ebenso unfähig, heimzukehren und sich der Routine des Zuhauses zu unterwerfen. So warteten sie also das Ablaufen ihres Visums ab, wechselten Land und Lobby und zogen abermals weiter, Zwangsnomaden der Wohlstandsländer. Einen traf ich, dem hatten malayische Behörden in den Pass geschrieben: »s. h. i. t.« Das galt als Abkürzung für »suspected hippie in transit«.

Kehrte dieser dann heim aus der ärmeren Welt, erlitt er gleich einen schmerzhaften Zusammenstoß mit den Supermächten der Finanzwelt, des Konsums, des Komforts, der Hygiene: In der Flughafenhalle fahren die Türen automatisch zur Seite, die Lautsprecherstimmen sprechen wie auf Flanell, in ihren urbanen Uniformen erwarten Geschäftsleute ihre Geschäfte, und mondäne Hostessen verfolgen Hostessen-Interessen. Im Vaterland der Verbraucher angekommen, vom Laufband angenommen, rollt er der Wiederbegegnung mit Deutschland entgegen: Die Düfte schmecken, die Klänge haben einen Körper, die Beleuchtung streichelt, die Air Condition fächelt.

Dies ist der Eintritt in die Utopie der sogenannten »Dritten Welt«. Von dieser Welt wird dort geträumt. So, glauben Menschen, die im Mangel leben, müsste ein gutes Leben ausstaffiert sein. Der Heimkehrer reagiert jetzt empfindlicher auf das Obszöne im Überfluss. Er passiert eine einzige automatische Tür und ist schon im Himmel jener Ideale, die am anderen Ende der Welt erträumt werden.

Die das kennen, kehren manchmal heim mit einer gereizten, auch ungerechten Verachtung für ihr Zuhause, mit einer vorauseilenden Entwertung alles dessen, was sie dort zurückgelassen haben. In diesem Verhalten ist so viel verschmähte Liebe wie Anmaßung als Folge der bewiesenen Tapferkeit. Zum Heroismus der Reise gehören nämlich auch überwundene Strapazen, erlittene Entbehrungen, Selbstüberwindungen. Der Heimkehrer blickt sich um und denkt: Habt ihr eine Ahnung! Er ist vielleicht aufgebrochen, um sich zu entkommen, hat gefloskelt, dass man sich ja immer auch selbst bereist. Jetzt kommt er heim und ist doch kein Veränderter, sondern der Gleiche, der noch dazu dieser heimischen Welt geradezu verstörend gut gewachsen ist.

Willkommen daheim! Wo ist er, der erste Eindruck des eigenen Landes, den man mit Wiedersehensfreude, ja, mit Begeisterung begrüßt? Ich erinnere mich an meine Halt- und Ratlosigkeit, als ich ehemals nach Monaten in Asien wieder in Deutschland landete. Eine Freundin holte mich am Flughafen ab. Auf der Autobahn fing der Wagen Feuer. Wir stellten ihn ab und gingen zu zweit am Seitenstreifen zur nächsten Funksäule. Ein Polizeiwagen hielt, und der Beamte sagte: »Sie müssen sich hier zerstreuen.« Im Hotel angekommen, schaltete ich den Fernseher an. Das Erste, was ich sah, war eine adrette Mittvierzigerin. Der erste Satz, den sie sagte, war: »Gebissreiniger? Gott ja, ich habe viele ausprobiert …« Mitten in diesem Satz war ich angekommen.

III

Ich habe vor vielen Jahren einmal einen Obdachlosen in Düsseldorf gefragt: »Wie gefällt Ihnen Düsseldorf?« Und er erwiderte: »Heimat ist Heimat, da kann nix passieren.«
Das gilt wohl für jeden einzelnen Ort dieser Erde. Ich halte es sogar mit Robert Musil, der gesagt hat, die Tatsache, dass wir glauben, es sei so wichtig, wo wir uns befänden, stamme aus der Hordenzeit, als wir uns noch die Futterplätze merken mussten.

Aus dem Erzählprogramm
»Unterwegs«, Düsseldorf, 2. Juli 2010

Der kleine Horizont
Zur Poetik des Fortfahrens

Die Welt, man kennt sie, ist klein. Das hindert sie aber nicht daran, groß zu sein. Es sind die Wanderer zwischen den Sphären, die Berichterstatter der Reise, die »groß« und »klein« hervorgebracht und zwischen beiden vermittelt haben. Sie sind die Sachverständigen für etwas, das im Englischen »communications« heißt und gleichermaßen die Reise- bzw. Versorgungswege und die Nachrichtenübermittlung bezeichnet. Im Deutschen verschränken sich die nämlichen Spuren im Begriff der »Erfahrung«, abgeleitet vom althochdeutschen »Reisen«. Auch »Überwinden« und »geprüfte Klugheit« besitzt laut Grimm'schem Wörterbuch, wen man auch »bewandert« nennt.

Es hat sich also ein Zusammenhang zwischen Wissen und Reisen in der Sprache abgelagert. Nimmt man hinzu, dass die ersten Geschichten der abendländisch-christlichen Kultur Reisegeschichten gewesen sind, so ließe sich etwas Nomadisches für unseren Wissenserwerb beanspruchen. Denkbar, dass selbst die Ablösung der oralen Überlieferung durch die Fixierung der Tradition auf das Verlassen des geschlossenen Raums und die Bewegung in den offenen zurückzuführen ist.

Adam, der erste Mensch, ist auch der erste Reisende, Moses ist der Protagonist des Reisebuches »Exodus« – ein mitreisender Gott weist den Israeliten den Weg ins Gelobte Land –, und wo die Sintflut endet, spricht Gott zu Noah: »Gehe heraus aus dem Kasten«, die Wanderschaft beginnt. In der Entlassung aus der Umfriedung, der Parzelle, dem Kasten setzt die Entdeckung des Raums ein. Zugleich aber treten hier auch Reise und Abenteuer in Beziehung zueinander, und so kommen in der Reiseliteratur Erkenntniserwerb und Unterhaltung früh zusammen.

Der Ethnopsychoanalytiker Fritz Morgenthaler fragte einmal einen afrikanischen Stammesangehörigen, warum sie keine Fenster in ihren Hütten angebracht hätten. Dieser erwiderte: »Wenn wir in unseren Häusern sind, sehen wir alles, was wir hier brauchen; wollen wir sehen, was draußen geschieht, gehen wir hinaus.«

Zelle, Kasten, Hütte sind als die Bühnen des Bei-sich-Seins sprachlose Räume, im geöffneten Raum dagegen setzt die Erzählung ein, die Welt wird weit. Man hat deshalb selbst versucht, Reiseerzählungen als sublimierte Form »des biologischen Programms der Futtersuche zu erklären«, als »narrative Superstrate« der Jagd, als Produkt der Abspaltung des Imperativs vom Narrativ. Der Imperativ ist die Sprechform der reinen Gegenwart, der Jagd, im Narrativ dagegen stellt sich die Nachzeitigkeit her, und erst hier tut sich auch die Wahr-Falsch-Kategorie auf, die sich gerade in der Reiseerzählung als prekär erweisen wird.

Gegen Ende des 18. Jahrhunderts ist die Gattung dann bereits reif für die dialektische Vermittlung. Ratlos vor der Fremde, verwandelt der Reisende den weiten Horizont in ein Interieur und dokumentiert unwillentlich die Anstrengung des Nicht-von-sich-weg-Gelangenden, samt dem klaustrophobischen Gefühl, den eigenen Blick nicht erneuern zu können. Es ist der horror vacui des Reisenden in der Fremde: Er muss feststellen, dass er sich selbst nicht überschreiten kann und deshalb der Fremde so wenig wie sich selbst gewachsen ist. Die Symbolik der Landschaft versagt: Der Horizont erweitert sich nicht.

Umgekehrt aber ist auch das Interieur Monade, also eine Welt. Xavier de Maistre (1763–1852) hatte in den Armeen seines Vaterlands gedient, war wegen eines Duells zu einem längeren Hausarrest verurteilt worden und verfasste nun, was als Meisterwerk der französischen Novellistik in die Literaturgeschichte eingehen sollte: die »Reise um mein Zimmer«, gefolgt von der »Reise um mein nächtliches Zimmer«. Von Laurence Sternes »Sentimental Journey« (1768) empfangen diese Texte vor allem das Primat der Form: Die Darstellung allein verleiht der Erzählung Eigenwert. Damit hat sich de Maistre früh von den Gattungsnormen des literarischen Reiseberichts emanzipiert und Reisen und Denken miteinander identifiziert: »Mein Zimmer liegt nach den Messungen von Padre Beccaria unter dem 45. Breitengrad; seine Lage zeigt von Osten nach Westen; es bildet ein Rechteck, das ganz nah der Wand 36 Schritt im Umfang hat. Meine Reise wird jedoch deren mehr enthalten; denn ich werde in ihm oft ohne Plan und ohne Ziel hin und her oder diagonal wandern.«

De Maistre beschäftigt die Frage aller von Idiosynkrasien geplagten Stubenhocker: Wie ist unter der Voraussetzung des Reisens ein Zuhausebleiben möglich? Eine ganze Literatur wird in seiner Folge entstehen, in der Autoren ihr Zimmer, ihre Handtasche, ihr Haus oder ihr

Zelt bereisen. Mit dem nämlichen Ertrag: Der durch die Ferne gehende Blick verändert die Erscheinung des Vertrauten und gibt etwas Wesentliches preis. Es bedarf also der Perspektive des Reisenden um die Selbsterneuerung des Stubenhockers zu stimulieren – dieses Element eint die Reiseliteratur nach Homer, Herodot, dem Artus-Sagenkreis, dem Gilgamesch-Epos. Immer sind die Protagonisten im Aufbruch, unterwegs. Mal gehen sie auf Erkundungsreisen, mal suchen sie im Ausland handwerkliche Vervollkommnung. Mal handelt es sich um Glaubensreisen oder später, als Folge der Trennung des profanen vom religiösen Leben, um Bildungsreisen. Man kennt die »cura vagandi«, die Reise als Therapeutikum, kennt die Prestige-Reise, und in Stifters »Nachsommer« wird der Bund der Ehe erst besiegelt, nachdem der Held sich auf einer einjährigen Bildungsreise zur vollständigen Persönlichkeit entwickelt hat.

Die erste Rubrizierung der Reiseliteratur um die Mitte des 19. Jahrhunderts folgt der Beschreibung eines Phänomens, das »Reisewut«, »Sucht zu reisen« oder, bei Johanna Schopenhauer 1831, als »epidemieartige Reiselust« bezeichnet wurde. »Alle Welt reist. (...) Jede Prosaexistenz sehnt sich danach, alljährlich einmal in poetischer Blüte zu stehen«, bemerkt Theodor Fontane in seiner »Plauderei« über das »Moderne Reisen«. Theodor Mundt eifert, »dass das Böse der Zeit jetzt in Form des Reisens zum Vorschein gekommen sei und Satanas somit unter uns seine Wanderjahre angetreten habe«, sei doch das Reisen verantwortlich für »die innere Demoralisation der heutigen Gesellschaft«, da es in »dieser kosmopolitischen Zerfahrenheit des Individuums nach allen Weltgegenden, in diesem Zerstieben der weltzerstreuten Seele in alle Winde« einen »Pantheismus der allergräulichsten heidnischsten Art« fördere. Der Verfasser hegt den Verdacht: Die Bewegung in der Fremde setze Entindividualisierung voraus, die Begegnungen auf der Reise seien sämtlich flüchtige und nie geeignet, die wahre Persönlichkeit zu offenbaren, und Karl Immermann weiß sogar, der Reisende sei »durchaus Egoist«, er besitze eine ungesunde »Neigung zum Wechsel«, Erschöpfung und Abstumpfung seien die Folgen.

Zunächst wird die »Reisewut« als ein bloß importiertes Phänomen erachtet, durch das das Reisen zumindest entprivilegiert, das heißt auch, seiner distinktiven Sozialfunktion beraubt wurde. Sodann gebiert die massenhafte Verbreitung von Reiseberichten Vorstellungen des »richtigen« Reisens, flankiert von der frühen Verachtung der Massenreise. Die Ersten auf diese Weise Reisenden sind die Briten, auf deren »Grand Tour« der Ausdruck »Tourist« zurückgeht und die in Wilhelm Waiblingers Satire »Die Briten in Rom« schon 1828 ihrer Lächerlichkeit überführt werden. Abfällig spricht man um jene Zeit von bloßen »Reisebeschreibern«, die eine eigene Gattung der Literatur hervorgebracht hätten, »die Touristenliteratur«.

Die moderne Reisekultur beginnt eigentlich erst mit der Einführung fester Postkutschenrouten. Eine nicht technische Voraussetzung dafür ist die Trennung von Arbeit und Freizeit. Diese ist dem Reisen um des Reisens willen vorbehalten. Doch die unterwegs, die erst in der Fremde kultivierte Ausbildung des Wahrnehmens, Empfindens und Darstellens führt zu einer Formalisierung des Empfindens auch außerhalb des Reisens, so wie andererseits die Erschütterung vor der Aussicht oder dem Kulturdenkmal ritualisiert wird auch als Katharsis der Strapaze, als Lohn für die zurückgelegte Entfernung.

Als ein Massenphänomen bildet sich der Tourismus erst um die Mitte des 19. Jahrhunderts heraus. Damit er ein solches werden konnte, mussten Reisen bequemer und in ihren Abschnitten synchronisierbar sein. Vor 1893 gingen die Uhren in Deutschland noch unterschiedlich, zwischen Württemberg und Bayern klafften zehn Minuten, zwischen Königsberg und Köln sechzig. Jeder größere Ort maß seine eigene Zeit am Kirchturm. Erst mit dem Beginn der Industrialisierung wird eine Vereinheitlichung nötig. Die Bahnhofsuhren, die sich am Zeitmaß der Hauptstationen ausrichteten, konkurrierten mit den Kirchturmuhren.

Zu allem Überfluss verfochten die Nationalisten auch noch eine eigene Zeit für jedes Land. Der transkontinentale Bahnreisende der USA etwa legte auf diese Weise seinen Weg durch 71 verschiedene Bahnzeiten zurück. Erst nachdem man sich 1884 auf das System der 24 Welt-Zeitzonen geeinigt hatte, setzte sich der Gebrauch der Uhr durch, es entstand das Lebensgefühl mit dem Namen »Zeit ist Geld«. Die Zeit wird ökonomisch. Man kann sie sparen und verschleudern. Der Inbegriff der gelungenen Erziehung wie der Reise wird die ökonomisch eingesetzte Zeit.

Die Industrialisierung des Reisens ist die Folge. Schon um die Mitte des 19. Jahrhunderts erlebt man in ganz

Europa die Förderung des Tourismus durch Reiseagenturen, allen voran Thomas Cook. Die hohe Verbreitung von Reiseführern wie Baedeker und Murray und die ständig steigenden Auflagen der Reisehandbücher seit dem späten 18. Jahrhundert sind Indizien der Bewegung. Orte werden kanonisch, ihre Sehenswürdigkeiten inventarisiert und der Schaulust empfohlen, Stadträume parzellieren sich, verlangen eine spezialisierte Betrachtung und schießen zusammen zu einer Versammlung von Denkmälern.

»Es ist eine wahrhaft demokratische Macht in diesen Eisenbahnen«, bemerkt Ferdinand Gustav Kühne 1838 in seinem Text »Der Zeitgeist auf Reisen«. Sie erschließt dem Reisen neue Schichten. Ihre Geschwindigkeit aber ist so hoch, dass man beim Blick aus dem Fenster in der Nähe nichts Spezifisches mehr erkennen konnte. Das war neu, und man hielt den Effekt sogar für gesundheitsgefährdend: »Mancher wird durch die verschiedenen sich einander jagenden Eindrücke nur in einen traurigen Zustand der Verwirrung versetzt«, fürchtet Lauer 1841.

Selbst das Phänomen des Traumas war ursprünglich mit Eisenbahnfahrten verbunden und auf lauter Erschütterungen zurückgeführt worden, die der Reisende selbst gar nicht bemerke. So wurden die ersten Prozesse gegen die Bahn um Schockerlebnisse geführt, die physisch nicht nachweisbar waren und den Namen »Renten-Neurosen« erhielten. Ein Tick, der sich als physiologisch nicht nachweisbar herausstellte, musste hysterisch sein, also einer Traumatisierung von Ereignissen folgen, die den Reizschutz durchbrachen.

Als ästhetische Übersetzung der neuen Reisegeschwindigkeit aber identifizierte man den sogenannten »Panoramatischen Blick«, eine Horizonterweiterung im Wortsinn, da sich die Augen in der rasenden Bahn nun vornehmlich auf ferne Distanzen konzentrierten. Dabei wurde die Mobilität in ihrer Beziehung zum Ästhetischen, zur Wahrnehmungsintensität, selbst Thema, und Paul Valéry notiert lapidar: »Auch ein Wolkenkratzer ist schön, aber mit der Geschwindigkeit eines Reisezuges betrachtet.« Auf der einen Seite die gotische Fassade, die gelesen werden will, die kontemplative Versenkung fordert, auf der anderen Seite die moderne Hochhausfassade, die man nur überfliegen kann wie ein Piktogramm. Was sich abzeichnet, ist eine Reiseliteratur, die den adäquaten Umgang mit der Natur, dem Denkmal und der Zeit lehren wird. Was wir nicht haben, ist eine Reiseliteratur des Staus.

Tatsächlich steht der Wandel des Selbstverständnisses von Reiseschriftstellern – samt der Krise der Bildungsreise um 1900, als gleich mehrere Geschwindigkeitsmedien auftraten, Telefon, Eisenbahn, Telegraf – auch im Zusammenhang mit der Beschleunigung. Mit der Frage nach dem richtigen Zeitmaß der Reise stellt sich die nach dem richtigen Reisen insgesamt. Sie ist neu und so erst zu formulieren, seit der Prozess der Reise teilweise gelöscht und gegen eine lose Sequenz von Schauplätzen, Abflugs- und Bestimmungsorten eingetauscht werden konnte. Im März 1969 antworten 27 Prozent aller befragten Autofahrer in New York auf die Frage nach ihrem Fahrtziel: der Parkplatz. Dort könnten sie sitzen und über das psychologische Novum meditieren, das man erst jetzt als »Reisegeschwindigkeit der Seele« bezeichnet.

Konsequent wird um 1900 die Reise nach innen, von Freud angeregt, zum neuen Paradigma, und die Kunstbetrachtung betont mit Walter Ruskin, einem der Lehrer Marcel Prousts, der Ort, das sei auch der Weg, der zu ihm führe. Nehme man den Weg weg, beraube man den Ort seiner Charakteristik. Plausibel, dass parallel zur Beschleunigung in Verkehr und Kommunikation deshalb auch die Gegenbewegung Raum gewinnt. Unberührte, scheinbar archaische Kulturen werden als Heilmittel gegen die eigenen »modernen Zeiten« zitiert, und unter solch instrumentalisiertem Blick löst der Südsee-Topos, ebenso wie der des Kulturraums von Carl Einsteins »Negerplastik«, den von Arkadien ab.

Wohlgemerkt war Baudelaire in Afrika und Indien, bevor er den Flaneur beschrieb, die zentrale Gestalt des Reisenden des Fin de Siècle. Der Spaziergänger bewegt sich nicht mehr in den Fußspuren der mittellosen Wanderer zwischen Seume oder Hebbel. Er ist, Jahrzehnte nach diesen, die aus der Beschleunigung herausgefallene Kunstfigur, sucht Zerstreuung, Ablenkung, stellt unsystematisch Überlegungen an und entlässt die Leserschaft in eine neue, keiner Bildungshierarchie gehorchenden Simultanität der Eindrücke. Daniel Spitzer, einer der Väter des Feuilletons, hat als »Der Wiener Spaziergänger« diese Form, wie auf andere Weise wenig später Robert Walser, zur literarischen Gattung erhoben.

Die Ironie dieser Gattung ist aber auch Indiz dafür, wie im Reisen das Projekt der Aufklärung an ein Ende gelangt. Der reisende Mensch wandelt sich in diesen Texten nicht mehr, vielmehr erfährt er sich als unwandelbar und verharrt in der Ferne auch zu sich selbst. Reisend hat er zwar die Welt bewegt, nicht aber sich selbst. Etwas taucht auf, das den Aufklärungsanspruch dieses Reisenden sinnlos macht: das eigene Gesicht. Er sieht aus dem Fenster und erkennt, schwimmend auf der Scheibe, sich selbst, das aller Geschwindigkeit entzogene Spiegelbild dessen, der er nicht sein will. Er springt heraus aus der Fluchtgeschwindigkeit des Reisens und verharrt im Bleibenden, in der Trägheit des unausweichlichen eigenen Gesichts. Und so antwortet Franz Hessel auf die Zeitungsfrage von 1929 »Warum reise ich gerne«: »Was will ich nur in den fremden Städten mit ihren Sehenswürdigkeiten? Immer bin ich doch in Gefahr, dass die Kathedrale mich nicht verwandelt.«

Entsprechend erzählen die Reiseromane des 20. Jahrhunderts vor allem von Havarien des Subjekts. Der Mitbegründer des Aktivismus, Robert Müller, schreibt 1915 den bis dahin radikalsten aller deutschen Reiseromane: »Tropen. Der Mythos der Reise«, ein Titel, der absichtsvoll mit dem Doppelsinn von »Tropen« als geographischer Topos und als rhetorische Figur operiert. Kurt Hiller nennt diesen Roman eine »unerhörte Kreuzung aus Gauguin und Über-Freud«. Müllers expressionistisch überhitzte Exploration des Dschungels wird zu einer Reise in das »Diktando der Eingeweide«, wie er formuliert. Nur ein Bewusstsein, so die Unterstellung, das die stereotypen Formen der Selbstreproduktion außer Kraft setzt, gelangt zur Formulierung autonomer Bedürfnisse und auf ihrer Basis zu einer gesellschaftlichen Veränderung. Das Ich ist danach »qualitätsloses, ungereiztes Bewußtsein«, je zielstrebiger es sich der Erfahrung nähere, desto stärker verflüchtige es sich. Müllers Urwaldszenerie muss vegetatives Chaos sein, entwickeln seine Protagonisten doch »Überzeugungen aus Zeugungen, Selbsterzeugungen«. In solchen Formen der induktiven Ich-Bildung verschwinden die Schauplätze der Reise, ihr Ziel ist ortlos, oder, wie es der Schlusssatz des Romans sagt: »Wenn man aber den Menschen der Zukunft fragen wird, ob er schon in den Tropen gewesen sei – ah, was Tropen, sagt er, die Tropen bin ich!«

Im Laufe der folgenden Jahrzehnte werden Reisebücher zu Dokumenten der Verneinung der Heimat und des Selbst. Joseph Conrad begegnet im »Herz der Finsternis«, in der Tiefe des Kongo, einem unterjochten, ausgebeuteten Kontinent und begegnet so der eigenen Zivilisation in ihrer Hässlichkeit. Die Zeitreise des H. G. Wells katapultiert den Protagonisten in eine Zukunft Englands zwischen dekadenter Ober- und kannibalischer Unterwelt. Joseph Roths Roman »Flucht ohne Ende« kehrt das Konzept der Bildungsreise geradezu um und gebiert den erloschenen Menschen des letzten Satzes: »Es war um diese Stunde, da stand mein Freund Tunda, 32 Jahre alt, gesund und frisch, ein junger starker Mann von allerhand Talenten, auf dem Platz vor der Madeleine, inmitten der Hauptstadt der Welt, und wusste nicht, was er machen sollte. Er hatte keinen Beruf, keine Liebe, keine Lust, keine Hoffnung, keinen Ehrgeiz und nicht einmal Egoismus. So überflüssig wie er war niemand in der Welt.«

Um die Mitte des 20. Jahrhunderts schließlich setzt sich diese Linie als Subjektivierung einer Reiseliteratur fort, die ihren Wahrheitsanspruch aufrechterhält, indem sie statt von Fülle, von Ausleerung und Verödung berichtet, so Nicolas Bouvier im »Skorpionsfisch«, so Annemarie Schwarzenbach in »Das glückliche Tal«. Hier verglüht auch das Drama des Außenraums, der wieder fiktiv werden muss, um spezifisch sein zu können.

Damit erhält die Reiseliteratur ihre eigene Realismusdebatte, ihre eigene Programmatik. Selten ist das Gefälle zwischen der Eingeweihtheit des Autors und der Unbedarftheit des Publikums stärker, als wo sich der Autor beglaubigen kann durch den Nachweis: Ich war da. Doch nicht umsonst sagt das russische Sprichwort: »Er lügt wie ein Augenzeuge.« Es ließe sich also die These wagen, dass der Abenteuerroman entstand als eine Emanzipation der Lüge im Tatsachenbericht, so wie Louis Antoine Bougainville, Leiter der ersten französischen Weltumsegelung, schrieb: »Ich bin Reisender und Seemann, das heißt ein Lügner und Dummkopf in den Augen jener Klasse bequemer und anmaßender Schriftsteller, die im Schatten ihres Arbeitszimmers über die Welt und ihre Bewohner philosophieren.«

Der Ausdruck Lüge wird in der Antike gleichermaßen auf Dichter wie Homer, Philosophen wie Iambulos und Historiker und Reiseautoren wie Herodot angewendet, über den man argwöhnt, dass er seine griechische Heimat nie verlassen habe. Lukian jedenfalls verfasst bereits eine Satire auf die Lügenzunft der Reiseberichte, und später wird Marco Polo – unterstützt vom Romancier Rustichello da Pisa – behaupten, nach China gereist zu sein, wo er in Wahrheit nur bis zum Hof des mongolischen Fürsten Kublai Khan in Karakorum gekommen war. Die chinesische Mauer, der Tee, die Essstäbchen, spektakuläre Technologien und Erfindungen wie der Kompass, der Blockdruck, das Schießpulver und das Feuerwerk kommen bei ihm so wenig vor wie die chinesischen Schriftzeichen oder die eingeschnürten »Lilienfüße« der Chinesinnen.

War der Reiseautor in den Frühzeiten des Reisens immer auch Entdecker oder Forscher, so begründete er sein Schreiben ehemals noch gern szientifisch. Ein Beispiel: Im Jahre 1603, so berichten es die Chronisten in der Nachfolge von Sir Walter Scott, sang der Schotte William Lithgow unter dem Balkon seiner Geliebten. Der Gesang lockte die vier Brüder der Geliebten herbei, diesen gefiel es, dem unglücklichen Sänger beide Ohren abzuschneiden. Lithgow entschloss sich daraufhin zu reisen, oder, wie Franz Blei schrieb: »Die Sehnsucht trieb ihn dorthin, wo man unauffällig und selbstverständlich einen Turban trägt, denn nur notdürftig deckten die darübergekämmten Haare die Ohren, die nicht da waren.«

So kam der Mann in die Welt, dem zum Reisen eigentlich nur eines fehlt: Begabung, und es mutet grotesk an, dass man ihn in Großbritannien als ein frühes Beispiel englischer »Wanderlust« bezeichnet, ging ihm doch nichts so sehr ab wie die Lust. Diese ersetzte er durch überlegene Zwecke: Er reise im Dienste einer »Wissenschaft der Wirklichkeit«, schreibt Lithgow. Zwar könne das Weltwissen von Gelehrten, Staatenlenkern und Denkern durchaus vertreten werden, doch fuße, was diese über die Einrichtung der Welt beibrächten, auf dem Wissen der Reisenden, die alles »aus erster Hand studiert haben und folglich ein umfassendes Bild des menschlichen Daseins geben können«, samt der »Gesetze, religiösen Gebräuche, Sitten, Einrichtungen und Regierungsformen«. Für Lithgow ist Reiseliteratur legitimiert als Welt- und Landeskunde im weitesten Sinne.

Die akademische Ambition dieser »Wirklichkeitswissenschaft« meint eine Art studium generale der fremden Welt, und so reist Lithgow in imaginärer Konkurrenz zu allen, die bloß Meinung ohne Anschauung verbreiten können, die Irrlehren in die Welt gebracht haben, reist mit dem Pathos des Aufklärers, den schon seine Leiden ins Recht setzen, ja, er reist selbst in Konkurrenz zu Homers Odysseus und bekennt, er verstehe nicht, was an dem so besonders sein solle, habe Odysseus doch nicht einmal den fünfzehnten Teil jener Strecke zurückgelegt, die er, Lithgow, auf seinen schmerzvollen Wanderungen gemeistert habe! Mit der stereotypen Erwähnung der Leiden des Reisens soll nebenbei der Unterhaltungsvorwurf unterlaufen werden.

Erst im 18. Jahrhundert schält sich der Reisebericht aus anderen Textgattungen wie dem wissenschaftlichen Expeditions-, dem Forschungsbericht heraus und integriert Elemente der belletristischen Literatur: solche der persönlichen Erfahrung, den Dialog, das Stimmungsbild, die dramaturgische Schürzung. Alexander von Humboldt bemerkt noch maßvoll, die Naivität und die Einheit der Darstellung der zeitgenössischen Reiseberichte müssten notwendigerweise verloren gehen, je mehr »naturhistorische, geographische, oder staatswirthschaftliche Zwecke bey ihren Reisen obwalten«. Er votiert für eine Trennung der »eigentlichen Reisebeschreibung« von den wissenschaftlichen Ergebnissen, fürchtet er doch, man werde »wenig Lust haben, Reisende zu begleiten, die immer und unaufhörlich mit scientifischen Instrumenten und Sammlungen beladen sind«. Zu Recht suche der Leser Originalität der Darstellung, schließlich wolle man den Reisenden selbst erleben. So wird der subjektive Blick zum Eigenwert, die Individualität der Wahrnehmung zum Kriterium, und Karl Gutzkow kann nur Jahrzehnte später die Reiseliteratur bereits als eine »Mischgattung« bezeichnen.

Als habe sich die Subjektivität im schwerfälligen Medium der Weltwissenschaft erst mühsam emanzipieren müssen, hat sich mit dem 19. Jahrhundert eine »Poetisierung des Reiseberichts« durchgesetzt, der erst jetzt Sprachrohr einer neuen bürgerlichen Klasse wird. Der Brockhaus von 1886 geht bereits so weit und behauptet, die Kulturstufe eines Volkes lasse sich an der Entwicklung seiner Reisetätigkeit ablesen. Das bloße Überschreiten der Handelsreisen – und man ergänze: der Feldzüge – zeuge bereits von überlegenen Zielen und mindere zwangsläufig den hinderlichen »Nationalhaß«. Entsprechend schwärmt der Maler Odilon Redon in seinem »Selbstbekenntnis« von einer Zeit, in der die Menschen nur noch »aus Bewunderung oder Mitgefühl in ein anderes Land« eindringen würden.

Für die Programmatik der Reiseliteratur stand zunächst nicht der ästhetische Wahrheitsbegriff, sondern die Frage des Primärnutzens im Vordergrund: Soll der Reisende literarisch auf eine Reise vorbereitet oder soll er in deren Nachvollzug eingelassen werden? Die Kritik aber formulierte gegen die Reiseliteratur, nannte sie Unterhaltungsliteratur, kommerziell, sensationslüstern, geschwätzig, sie schade bei den Ausländern, zudem dürfe zweckfreies Reisen nicht dem Zweck des Geldverdienens untergeordnet werden, und Ferdinand Gregorovius wütet: »Es macht heuer auch kein Blaustrumpf mehr eine Spazierfahrt über Wasser ohne ein ästhetisches Gewäsch und touristisches Geschreibsel in einigen Bänden loszulassen – eine ganz schreckliche Art von Natur- und Kunstquälerei.«

Obendrein, so die zeitgenössische Kritik, verderbe der Schriftsteller an der Reise, er büße Persönlichkeit, die Literatur Verbindlichkeit ein, nicht weil es gut, weil es neu sei, werde ein Reisebuch gelesen. Erst als Tagespolitik, Mode, die Veränderungen des gesellschaftlichen Lebens längst reiseliteraturfähig geworden waren, hat sich Aktualität als Kriterium auch positiv durchgesetzt. Tendenziell lässt sich sagen: Belehrung verliert, Unterhaltung gewinnt an Bedeutung im Lauf des 19. Jahrhunderts, und allmählich setzt sich in den zeitgenössischen Debatten sogar ein Plädoyer für die psychohygienische Wirkung des Reisens durch. Der Reisende werde aus seiner Selbstfixierung befreit, Hypochondrie und Melancholie schwänden, gerade weil das Reisen oberflächlich sei und rasche Kontakte bevorzuge.

Dazu war der Bildungsroman als Manifestation der »Lebensreise«, wie man metaphorisch sagte, auch Reiseroman, die Maximen des richtigen Reisens nahmen die des richtigen Lebens so weitgehend auf, dass das Reisen selbst nun in den Rang einer metakünstlerischen Tätigkeit rückt, also eine gewisse Ebenbürtigkeit zum Museums- oder Theaterbesuch beansprucht. Es entsteht das Reisen als eine schöne Kunst betrachtet, und so reist man verbunden mit der Vorstellung, man könne, befreit von Pflichten, in der souveränen Verfügung über sich selbst etwas Unbekanntes entdecken: sich selbst!

Seit dem 19. Jahrhundert ist die Literatur des Reisens auch eine Literatur, die eine Theorie des Reisens entwirft, sie ist nicht mehr der Schaulust allein geschuldet, sondern versucht etwa, das Kontinuierliche im Diskontinuierlichen zu fixieren und somit den Reisenden als den Beobachter des Dauernden vom Touristen als dem Besucher des Einzigartigen zu scheiden. Der Reisende in dieser Bedeutung existiert im Zeitmaß des Verweilens, der Tourist lebt in der Kategorie des Augenblicklichen, sein Medium ist der Schnappschuss, die Manifestation seiner Erfahrung das Souvenir. So hat die Industrialisierung des Reisens Mittel gefunden, der Kategorie des Flüchtigen zu begegnen.

Gelangte die Reiseliteratur im 18. Jahrhundert kaum auf die Höhe der Subjektivität, muss sie sich auf deren Höhe im 19. schließlich wieder der Fakten vergewissern. Eichendorff, E. T. A. Hoffmann und Jean Paul verfassen Italien-Texte ohne empirische Kenntnisse. Bei Gottfried Keller hat sich dieses Italien in der ersten Fassung des »Grünen Heinrich« in eine fiktive, erlesene Landschaft verwandelt. In jüngerer Zeit schrieb Urs Widmer über den Kongo und war nie da, Thomas Stangl halluzinierte Timbuktu herbei, hat aber Afrika nie betreten. Es wird zur Dialektik der Reiseliteratur: Der Augenschein schafft Distanz, Ferne wird zur Bedingung der Annäherung an einen Ort.

Erst wo es nicht um Reiseführer und -begleiter geht, stellt sich die Frage nach dem Zusammenhang von Erzählen und Reisen. Der Reiseschriftsteller muss nicht auch ein großer Reisender sein. Giacomo Casanova, der exiliert den europäischen Raum von Moskau bis Konstantinopel durchmisst, ist an der nicht-gesellschaftlichen Welt so wenig interessiert, dass er trotz raumgreifender Reiserouten kaum als valider Reiseautor bezeichnet werden kann. Ein solcher könnte aber, unfähig zur Assimilation, am Ende seiner empathischen Möglichkeiten angekommen, zwar sich selbst aus dem Balancezustand herausschreiben, seinen Gegenstand dabei aber verlieren, so wie Beckett von Proust schrieb, er habe »die strahlende Essenz« Venedigs nie »ausdrücken können, weil sie von der gebieterischen Vulgarität seines Alltagsgedächtnisses zurückgewiesen« worden sei. So erfährt der Reiseschriftsteller im eskapistischen Versuch sein Dilemma: Das Buch bringt den Autor hervor, und das selbst in der vergeblichen Anstrengung, sich zu entkommen.

Konfrontiert mit der Fremde, selbst dem »inneren Ausland«, wie Freud die Seele nannte, bewährt sich die Überzeugung von Georges Devereux: »Jede Beobachtung ist eine Beobachtung am Beobachter.« Jetzt erscheint selbst der Reisende, der nicht reisen, sondern erstarren will. Es geht ihm nur um Bodenberührung, um ein Verhältnis zum fremden Raum. Er will sich um sich selbst drehen und fühlen, was ihn umfängt: spezifische Fremde, Ferne, die Unmöglichkeit, sogleich im Heimischen zu sein. Er könnte die Fremde aufsuchen, um die Heimat in ihr abzutöten, er könnte Heimaten begründen oder die Heimat so lange parzellieren, bis sie keine Einheit mehr bildet, sondern ein Punkt ist, der auf jeder Zeitachse wiederkehrt und sich gewandelt hat. »Ich erkläre mir meine Rastlosigkeit so«, schreibt John Steinbeck: »Ich muss reisen, weil ich noch nicht jedes Zuhause gesehen habe.«

In Wirklichkeit kommt der Reiseschriftsteller immer nur in einem weiteren treibenden Ort an, um sich neuerlich abzustoßen und vielleicht endlich an jenem instabilen Ort einzutreffen, den er nur deshalb »Zuhause« nennt, weil er mehr Rituale versammelt als andere, das Zuhause der Wiederholungen. Er kann ja nicht einmal sagen, dass er ihn besser kenne – im Gegenteil, in der Musik einer Flughafen-Wartehalle in Timbuktu, einem Werbefoto, einem Fernsehbild, das einen Bären im Plüschkostüm tanzend zeigt, gesehen irgendwo auf der Welt, ist er vielleicht mehr zu Hause als auf einem deutschen Bahnhof. Zumindest kennt er die Plausibilität hinter der Musik, dem Bild vielleicht besser als es die heimischen Tuareg tun, die genötigt werden, eine ferne mediale Geschichte, ein fremdes elektronisches Zuhause zu bewohnen.

Gerade die eskapistische Reise wird mit dem Erlöschen, mit dem Wunsch identifiziert, sich nicht mehr zu manifestieren, das Werk, somit auch das Schreiben vom Reisen selbst zu überwinden. Auf den ersten Seiten seines 1900 veröffentlichten tahitianischen Reisetagebuchs

»Noa Noa« stellt Paul Gauguin sich selbst die Frage: »Warum nur habe ich diese Reise mit einem Stück Papier in der Tasche gemacht?«, um benachbart zu konstatieren: »Kind, man muss ein Kind sein, zu glauben, die Kunst sei etwas Nützliches.«

Ausgesetzt, die Selbstmanifestation im Werk wie den Aufklärungsanspruch des Werks gleichermaßen ad acta legend, umkreist Gauguin schreibend die Grundfrage jedes Reisenden: Wo war ich? Und das im Doppelsinn: Wo wurde der Erzählfaden des alltäglichen Lebens unterbrochen und wie lässt sich ermitteln, wo man selbst wirklich war, eine von der Berührung mit der Fremde provozierte, doch grundsätzliche, programmatische Frage. Für Gauguin wie für alle Weltflüchtigen verändert das Reisen zunächst das Zeitbewusstsein, indem es Kulturstufen und -vorstellungen in Beziehung bringt. Die Erkundung der Topographie schafft Orientierung, verzögert aber allenfalls die Frage danach, wie sich Menschen überhaupt an Orten befestigen, wie sie in der Fremde Realität gewinnen.

Die Programmatik des Reisens und die des Schreibens konvergieren an diesem Punkt. Der ideale Reisende ist jener, der das Land reisend hervorbringt. Der ideale Autor ist jener, den das Schreiben in Bewegung setzt und gegen den sich die Wirklichkeit der Fremde durchsetzt. Seine Bücher wollen bereist werden, für sie gilt, was La Rochefoucauld in anderem Zusammenhang sagte: »Wer weiß, wie viele Menschen nie verliebt gewesen wären, wenn sie nicht von der Liebe hätten reden hören!« Ja, wer weiß, wer nie ein Ausland betreten hätte, wenn es ihm als inneres Ausland nicht der Unwirtlichkeit entrissen worden wäre?

Solch empathisches Verhältnis zur Fremde setzt sich in der Reiseliteratur erst relativ spät durch. Zunächst ist der Reisebericht vor allem Medium des Kulturtransfers. Missionare, Ordensbrüder, Kaufleute, Forscher sind es zuerst, die vom Fremden erzählen. Ihnen ist der fremde Raum entweder barbarischer Raum, den es nach den Gesetzen des eigenen Lokalpatriotismus zu zivilisieren gilt, oder man sucht gerade das andere, vermeintlich »natürliche« Leben, das Korrektiv zum eigenen.

Konstitutiv für die Begegnung mit der Fremde ist in dieser Hinsicht das Erlebnis des ersten Blicks, der etwas nicht Präformiertes trifft. Als Grillparzer in der zweiten Hälfte des 19. Jahrhunderts zum ersten Mal ans Meer fährt, hält der Leser seines Tagebuchs den Atem an, eröffnet sich doch gleich die Möglichkeit, das Meer erstmalig, in seiner unvordenklichen Form und reinen Anschauung zu sehen. Doch Grillparzer notiert einzig: »So hatte ich's mir nicht gedacht.«

Der erste Blick macht es möglich, dass im Schreiben »neue Nähen und Fernen« entstehen, wie Franz Hessel schrieb, eine Heimkehr wird gesucht in die nie erfahrene Fremde. Der Schriftsteller als »Gründer eines eigenen Ortes« macht den Leser zum »Reisenden«, der, Michel de Certeau zufolge, »auf dem Gelände des anderen wildert wie Nomaden in Gebieten, die sie nicht beschrieben haben«. Hier vollendet sich die Reiseliteratur, indem sie sich gleichzeitig auflöst, auch weil sich die Fremde verflüchtigt: Nicht Stadtbilder, Landschaften oder Architekturen sind Thema, sondern Zustände, die Bewegung des Reisenden verwandelt Nicht-Orte in Orte. So steigert er die Bewohnbarkeit der Welt, und schon sein Blick, der Blick des Fremden, entzerrt die Fremde. Nur er ist Gegenwart, nur er sieht den Raum in seinem Jetzt, und das in jener produktiven Unruhe, die den Eintritt in die unbekannte Welt wie den in den unfertigen Text charakterisiert.

Ja, Schreiben und Reisen werden von einem Spürsinn befeuert, vom Versuch des Verschwindens im Anderen auf einer Exkursion in das Nichtgesagte. Ehemals wurde die Neugierde charakterisiert durch diesen zwecklosen Erkenntniswillen, den Drang, einer Witterung zu folgen, ohne recht zu wissen, wovon sie geleitet wird.

Wie hatte de Maistre in seiner »Zimmerreise« geschrieben: »Ich werde sogar im Zickzack gehen, und, wenn es erforderlich ist, in allen möglichen geometrischen Linien laufen. Ich mag die Leute nicht sehr, die so sehr Herr ihrer Schritte und Gedanken sind.« An dieser Stelle setzte stets die souveräne Bewegung des Fragenden, des Flaneurs, ein, und sie erlaubte sogar das In-die-Irre-Gehen dieses Fragenden. Gerade an dieser Grenze musste sich also die Wissbegierde stimulieren, sie musste die Skepsis gegenüber der Anhäufung des Nutzlosen überwinden. Die Neugier findet ja immer auch dies. Vom eigenen Ich muss sie sich ab-, der Welt muss sie sich zuwenden. Den Horizont muss sie erweitern, so wie es Seefahrt und Astronomie vorgemacht haben.

Auf dem Titelblatt einer Schrift von Francis Bacon ist das Schiff des Odysseus hinter den Säulen des Herkules zu sehen. Der heidnische Patron der Erkenntnissucher und

Reisenden, der bei Dante auf der untersten Stufe des Infernos zu finden ist und als Einziger nicht bereut, kreuzt als Symbolfigur der Neugier jenseits der Grenzen der bekannten Welt, des sogenannten Nonplusultra, womit der Reisende, nachdem er den Garten Eden, die Zelle und den Kasten hinter sich gelassen hat, an die Grenzen der zu bereisenden Welt gelangt wäre.

Die letzte, die moderne Dehnung dieses Vagabundierens zwischen dem geschlossenen und dem offenen Raum, der kleinen und der großen Welt, findet sich in den Selbstzeugnissen der Weltraumreisenden. Im Inneren der Monade seiner Kapsel sieht sich der Astronaut dem Kosmos ausgesetzt und fällt zurück auf sich, er wird klein, er regrediert und tritt in einen Zustand frühkindlicher Symbolik ein, so wie es der polnische Kosmonaut Mirosław Hermaszewski berichtete: »Ich schwebte, als sei ich im Innern einer Seifenblase. Wie ein Säugling im Schoß der Mutter. In meinem Raumschiff bleibe ich immer das Kind der Mutter Erde.« So wird die Anschauung der Welt, die jetzt zugleich das Bekannteste und das Fremdeste, zugleich klein und groß ist, zum Auslöser jenes »ersten Blicks«, der der Reiseliteratur das erste Wort erteilte. »Ich glaube, mir ist nie so recht klar geworden, was ›rund‹ heißt, bis ich die Erde aus dem Kosmos gesehen habe.« So der Kosmonaut Alexej Leonow.

Derart unvorbereitet auf das, was die Anschauung des Alls und der Erde im All in ihnen auslösen würde, haben sich die Weltraumreisenden demütig und poetisch dem quasi Religiösen einer Erfahrung des Exterritorialen zu stellen versucht. Einige haben für diese Erfahrung das alte

Wort »Ehrfurcht« verwendet, haben im Angesicht der unendlich empfindlichen Hülle der Biosphäre von »Respekt« und »Achtung« vor der Schöpfung und von der »persönlichen Beziehung« zum »Heimatplaneten« gesprochen. Es ist dies eine Annäherung durch Entfernung, symbolisch entrückt in einem Zustand von Schwerelosigkeit, der das utopische Lebensgefühl und zugleich den Kollaps aller Reiseliteratur repräsentiert, denn wenn schon keinen hortus conclusus, dann gibt es doch dieses Körpergefühl, die Beziehungs- und Schwerelosigkeit eben, als letztes Ideal des Eskapismus. Das Utopische des Zustands aber manifestiert sich selbst dann noch im Impuls, aus diesem Erleben ein Gefühl der Verantwortung abzuleiten und sich in der größten Isolation als zoon politikon, in einer tieferen Bedeutung als »Erdenbürger« zu erkennen.

So kommt auch die Darstellung der Reise ins All zuletzt beim Utopischen als einer Kritik des Zurückgelassenen an. Die Voraussetzung für die frühsozialistischen Utopien der phantastischen Reisenden Thomas Morus, Tommaso Campanella oder Francis Bacon lag in den geschlossenen Räumen bestehender Staatsgebilde und der Öffnung zu jenen unbekannten Räumen, in denen man Staatsutopien unterbringen konnte. Im Verlauf der Literaturgeschichte des Reisens werden diese der Erde entrückt und reisen auf den Milchstraßen hinaus in den kosmischen Raum, in die Science-Fiction. Hier zeichnet sich die letzte Etappe des Reisens, wenn nicht der letzten Reise ab, schließt sich doch endlich jener Zusammenhang, der schon in der Wiege der Reiseliteratur schlummerte: der zwischen dem Weg-Wollen und dem Aus-der-Welt-Wollen.

Editorische Nachbemerkung

Dieses Buch ist auf Wunsch der Vertreterinnen und Vertreter des S. Fischer Verlags entstanden. Wie könnte man ihnen abschlagen, mal wieder mit Roger Willemsen auf Reisen zu gehen, sind sie doch selbst gewissermaßen Angehörige einer reisenden Zunft und darin Komplizen im Geiste. Vielleicht auch deswegen fuhr Roger Willemsen so gern nach Frankfurt am Main zur Vertreterkonferenz »seines« Verlags, wo es, so hört man, immer hoch herging und wo er auf Begeisterung, Zuneigung und Verständnis für seine Vorhaben hoffen durfte.

Ein Buch mit Reisetexten, das war gewünscht. Das klingt einfacher, als es ist, handeln doch die meisten von Roger Willemsens Texten auf irgendeine Art vom Reisen oder sind aus Reisen hervorgegangen: Ob es um »Die Enden der Welt«, »Momentum« oder »Bangkok Noir« geht, um »Deutschlandreise« oder »Afghanische Reise«, die Sammelbände mit Reden oder Glossen, die Gesprächsbücher oder seine Texte zur Musik: Reiseliteratur, welches Buch man auch aufschlägt! Erstaunlich aber ist, dass man immer wieder auf entlegen veröffentlichte Texte oder nur in Erzählprogramme eingegangene Miniaturen stößt, Geschichten liest, die man vielleicht schon kennt, aber noch nicht so, nicht in dieser Variante. Der Mitschnitt des Erzählabends »Unterwegs«, den Roger Willemsen gemeinsam mit der WDR Big Band am 2. Juli 2010 im Düsseldorfer Kunstpalast auf die Bühne brachte und der im vergangenen Herbst in seinem Hörbuch-Verlag »Roof« erschienen ist, gibt einen Eindruck davon.

In den vorliegenden Auswahlband mit Reiseerzählungen, Reportagen und Reflexionen habe ich einige wenige Fragmente aus einer Datei mit dem Titel »Das mir. Reiseerzählungen« aufgenommen, die sich im Nachlass befindet. Eine andere, ähnliche Datei heißt »Über das Reisen« und umfasst unter anderem Auszüge aus dem Romanfragment »Die Parasiten«. Beide Dateien sind Materialsammlungen zum Thema und als solche nicht zur Veröffentlichung geeignet.

»Nordweh« hingegen ist Roger Willemsens geschliffene Antwort auf Jens Jessens Verherrlichung des Südens; beide Texte wurden im Juli 2014 in der ZEIT veröffentlicht. Im selben Jahr war schon im Mai die Europareportage anlässlich der Europawahlen im Magazin der Süddeutschen Zeitung erschienen. »Unter Hostessen«, »Einzelgänger des Weltraums« und »Best Ager's Reisen« hatte Roger Willemsen schon einmal in seine Bücher »Gute Tage« und »Vages Erinnern, präzises Vergessen« aufgenommen. »Rückkehr nach Afghanistan« kompiliert Szenen aus »Es war einmal oder nicht. Afghanische Kinder und ihre Welt«, und die Miniaturen im ersten Teil sowie »Im Transit« und »Die Melancholie des Heimkehrers« variieren Szenen, die Kennern zum Beispiel auch aus »Momentum« und »Afghanische Reise« bekannt sein dürften. All diese Texte repräsentieren verschiedene Facetten des Reisenden und des Reiseschriftstellers Roger Willemsen, der mal als Flaneur, mal als Gesellschaftskritiker und Satiriker und mal als nachdenklicher Melancholiker oder teilnehmender Beobachter auf seine Umgebung schaut und von den Reisen anderer erzählt. Den Band beschließt die Antrittsvorlesung, die er im Herbst 2010 an der Humboldt-Universität zu Berlin hielt und der Poetik des Fortfahrens widmete. Für alle Texte gilt, dass sie an Einzelstellen behutsam redigiert und korrigiert wurden, um Fehler oder Missverständliches der Erstfassung zu beheben.

Roger Willemsen wäre sicher sehr einverstanden damit gewesen, gerade den Vertreterinnen und Vertretern des S. Fischer Verlags nun also diese Auswahl zu widmen, in deren Hände er so lange Jahre seine Bücher legte. So soll es sein, verbunden mit einem Dank für die Komplizenschaft!

Insa Wilke, Berlin 2020

Roger Willemsen
Musik!
Über ein Lebensgefühl

Kaum jemand konnte so einfühlsam, intelligent und genau sich Musik nähern wie Roger Willemsen. Dabei sprach er weder, wie er sagte, »die Geheimsprache der Musikwissenschaft« noch »das Jägerlatein der Eingeweihten«. Stattdessen interessierten ihn die Gefühle, die in der Musik frei werden – wie Liebeskummer klingt, wie man Heimweh komponiert oder Abschiedsschmerz.
Dieses Buch versammelt Roger Willemsens Texte über Musik. Sie sind weit mehr als das. Sie sind ein sehnsüchtiges Selbstporträt, ein rauschhaftes Bekenntnis zum intensiven Leben und eine einzigartige Hommage an diejenigen, die zur Steigerung unseres Lebensgefühls beitragen.

Herausgegeben von Insa Wilke
512 Seiten, broschiert

Weitere Informationen finden Sie auf
www.fischerverlage.de

AZ 596-70308/1